estate 2015

Grazie

La memoria
1002

DELLO STESSO AUTORE

Cinque storie quasi vere
Il figlio della professoressa Colomba

Enrico Deaglio

Storia vera e terribile tra Sicilia e America

Sellerio editore
Palermo

2015 © Sellerio editore via Siracusa 50 Palermo
e-mail: info@sellerio.it
www.sellerio.it

Questo volume è stato stampato su carta Grifo vergata prodotta dalle Cartiere di Fabriano con materie prime provenienti da gestione forestale sostenibile.

Deaglio, Enrico <1947>

Storia vera e terribile tra Sicilia e America / Enrico Deaglio. - Palermo: Sellerio, 2015.
(La memoria ; 1002)
EAN 978-88-389-3320-2
853.914 CDD-22   SBN Pal0280261

CIP - *Biblioteca centrale della Regione siciliana «Alberto Bombace»*

Storia vera e terribile
tra Sicilia e America

A Suzanne e Albert Paxton

Capitolo uno
Davanti al plotone d'esecuzione

Frank Defatta aveva già il cappio al collo, e gli avevano messo pure un sigaro in bocca. Si rivolse alla folla e gridò, nell'inglese rudimentale proprio dei «dagos»:
«I liva here sixa years. I knowa you all. You alla my friends».

Lo sollevarono con un colpo secco della corda che scivolò sulla corteccia del pioppo e così Frank smise di parlare; il sigaro gli cascò dalla bocca e cominciò a tossire. Ma in quei pochi secondi pensò ancora che l'avrebbero tirato giù: li conosceva tutti, erano tutti suoi amici da sei anni.

Pensò che la storia sua non era finita, che avevano voluto solo fargli paura, a lui e ai suoi fratelli; che sarebbe stato vivo per raccontarla molti anni dopo: di quando lo avevano messo davanti a quell'inaspettato plotone d'esecuzione.

Non avrebbe raccontato di suo padre, del ghiaccio e degli zingari. Avrebbe raccontato come è il mondo visto dall'alto, che poi è come lo aveva visto Cristo dalla croce. Bastava salire un poco e gli uomini diventavano così piccoli, mentre compariva invece tutta la terra, la pianura sterminata, la curva gialla del grande fiume e la lontananza dal mondo, da casa.

Avrebbe raccontato che si era visto in un sogno nel grande antichissimo duomo del paese suo, bambino tenuto per mano da suo padre Nicolò, sotto la faccia immensa del Cristo Pantocratore, composta di milioni di tessere di mosaico, piccoli punti d'oro salvatori di bambini e marinai dalle tempeste. E quella sua mano benedicente, gli sembrò adesso che avesse sempre tenuto un sigaro tra l'indice e il medio.

Ma, da sotto, non mollarono la corda, anzi la strattonarono. E così Frank Defatta morì tossendo e con gli occhi fuori dalle orbite. Poco più in là avevano appena impiccato i suoi fratelli e ora toccava agli ultimi due. Quel grande pioppo, negli anni scorsi, era servito alla stessa bisogna. Vi avevano appeso una dozzina di negri – ribelli, stupratori, ladri – e magari i fratelli Defatta avevano visto la scena da sotto. Ora avevano appeso cinque dagos; dagos era il termine dispregiativo per indicare i siciliani, considerati una specie di negri. I negri, allora come oggi, sono l'80 per cento della popolazione della parrocchia di Madison.

Era una caldissima sera d'estate, il 20 luglio 1899. Ma le notizie vennero battute al telegrafo con molte ore di ritardo, solo quando il telegrafista fu sbendato e slegato. Dicevano che in località Tallulah, contea (o meglio: parrocchia, all'uso francese) di Madison, all'estremo nord-est dello stato della Louisiana, una folla «ordinata e calma, ma molto determinata» aveva provveduto all'impiccagione – secondo la consuetudine del linciaggio – di cinque italiani ivi residenti.

I loro nomi:
Giuseppe (Joe) Defatta, di anni 34
Francesco (Frank) Defatta, di anni 30
Pasquale (Charles) Defatta, di anni 54
Rosario Fiduccia, 37 anni, detto Sy Defichi
Giovanni Cirami, 23 anni, detto John Cerano o Cyrano.
I tre Defatta erano tra loro fratelli. Tutti e cinque provenivano dal paese di Cefalù, in Sicilia, ed erano commercianti di frutta e verdura, con due negozi a Tallulah e carretti per la vendita ambulante.

Succinte, ma comunque incredibili, le ragioni dell'impiccagione collettiva. Tutto era cominciato con una capra, di proprietà di uno dei Defatta, che era solita brucare erba nel prato dell'ufficiale sanitario del paese, il dottor J. Ford Hodge. Questi si era lamentato diverse volte, ma non avendo avuto soddisfazione, all'ultima intrusione aveva ucciso la capra con un colpo di pistola. Il gruppo dei siciliani aveva giurato vendetta e uno di loro aveva sparato al dottor Hodge, ferendolo seriamente. Da qui la reazione della cittadinanza, circa duecento persone che avevano iniziato una caccia all'uomo. Due di loro erano stati catturati in prossimità dell'aggressione al dottore; altri tre lontani dal fatto. I cinque, già malvisti in paese per il loro comportamento violento e aggressivo, erano stati giudicati colpevoli di complotto per uccidere il dottore e in procinto di instaurare un regime di terrore nel paese di Tallulah; e quindi impiccati. Dato il buio, né lo sceriffo, né altri erano stati in grado di identificare alcuno dei linciatori. Un Grand Jury immediatamente convocato aveva sancito che nessuno dei cittadini di Tallulah poteva essere accusato di alcunché, in relazione alla faccenda.

I giornali facevano poi riferimento a un sesto italiano, anch'egli siciliano di Cefalù, tale Giuseppe (Joe) Defina, cognato dei fratelli Defatta, che mandava avanti un emporio con i suoi due figli nella vicina frazione di Milliken's Bend, sulla riva occidentale del Mississippi. La folla aveva cercato di punire anche lui, ma Joe Defina era riuscito a fuggire, attraversando il fiume.

La storia, come avrei appreso, era molto più grande di così. Più grande vuol dire più orrenda, più infame, più misteriosa, ma anche più avventurosa e quasi fiabesca.

Ma, per adesso, fermiamoci qui, perché vorrei raccontare ai lettori come ne sono venuto a conoscenza e perché mi ha tanto appassionato.

L'origine è, in effetti, abbastanza bizzarra. La famiglia di mia moglie Cecile – italo-americani da tre generazioni per parte paterna; franco-irlandesi per parte materna – viene da Texarkana, una cittadina ai confini tra il Texas, l'Arkansas e la Louisiana. Mia cognata Suzanne, la maggiore delle tre sorelle Brunazzi, di cui mia moglie è l'ultima ed Elizabeth è quella di mezzo, ha sposato il signor Albert Paxton, un gentiluomo oggi ultranovantenne proprietario di terre a Tallulah, Louisiana. Albert e Suzanne, ancora adesso, gestiscono una grande fattoria dove nel corso dei decenni sono stati coltivati cotone, soia e granturco, e curano un piccolo allevamento di «cutting horses». Questi cavalli sono un ricordo dell'America dei vecchi tempi; erano cavalli da lavoro, addestrati a separare da una mandria in movimento, nelle grandi transumanze di bestiame, capi malati o feriti. Oggi i «cutting horses» sono cavalli addestrati per sport, usati in popolarissime fiere in molte località degli Stati Uniti. La loro abilità, conquistata in anni di addestramento, consiste nell'isolare, in tornate di poco meno di un minuto, un vitello di un anno da un branco, senza toccarlo, senza ferirlo, con giudici che valutano l'eleganza e l'essenzialità dei movimenti di cavallo e cavaliere. È uno sport per conoscitori e gentlemen, in cui le scommesse sono alte e i cavalli buoni diventano dei veri tesori a quattro zampe.

Mia moglie ed io andiamo regolarmente a Tallulah, che in effetti è oggi solo un grumo di case, molto impoverito, a fianco dei bayou, le paludi intorno al grande fiume. Un tempo – ai tempi della nostra storia, e soprattutto poco prima di quella – Tallulah invece fu un epicentro della lotta epocale tra il Sud e il Nord, tra schiavisti ed abolizionisti; da quelle distese di cotone passò davvero la Storia.

Oggi invece a Tallulah c'è un po' il problema di ammazzare il tempo. E quindi, un giorno di qualche anno fa, me ne andai alla minuscola sede della Pro Loco, dove una giovane impiegata, Tina Johnson, si era prefissa il titanico compito di attirare turismo a Tallulah. Tutta la zona è famosa per la presenza di orsi e nel 1907 il presidente degli Stati Uniti Teddy Roosevelt venne proprio qui per una battuta di caccia, invitato da certi suoi amici grandi proprietari terrieri. E qui accadde il famoso fatto storico. Roosevelt, che aveva un orsacchiotto a portata di coltello (la caccia allora era una cosa piuttosto cruenta), lo risparmiò. E quell'orsacchiotto fortunato venne chiamato Teddy Bear. Insomma, il Teddy Bear senza il quale oggi i bambini di tutto il mondo pare non possano più andare a dormire, il loro compagno quando hanno la febbre o gli è capitato qualche altro guaio, era nato proprio a Tallulah. Da cui il progetto: «Visitate Tallulah, la città del Teddy Bear». (In realtà, scoprii più tardi, Tina ciurlava un po' nel manico, perché Roosevelt venne sì a cacciare a Tallulah, ma l'episodio dell'orsacchiotto – è ormai accertato – avvenne nel vicino Mississippi).

Mentre parlavamo, Tina lasciò cadere: «Ma lo sa che qui, tantissimi anni fa, vennero linciati cinque italiani?». Aveva anche dei ritagli di giornale.

La sera, a cena, raccontai l'episodio e Suzanne si fece veramente triste. «Oh, dunque te l'hanno detto...».

Era successo che lei aveva raccontato alle amiche del Country Club con cui ogni mercoledì va a giocare a bridge, che sua sorella sposava un italiano e che sarebbero venuti a Tallulah. E loro, naturalmente, avevano detto: «Speriamo che tuo cognato non venga a sapere la storia dei cinque italiani linciati...».

E invece, quella Tina-lingua-lunga non se n'era stata zitta. Così venni a sapere della storia. E la cosa ancora più strana è che avevo incontrato a Tallulah diverse persone la cui famiglia viene da Cefalù. Ma tutte erano arrivate dopo, molto dopo i terribili e misteriosi fatti del 1899.

Oltre alla Pro Loco di Tina Johnson (l'ufficio è ora stato chiuso e lei stessa non abita più a Tallulah), c'è un altro posto che conserva le memorie locali. Un museo storico di tre stanze, dove il signor John Earl Martin – ex pilota di guerra, poi pilota nell'ancora più rischiosa attività di spargere i concimi chimici volando a dieci metri da terra – custodisce fotografie e documenti ufficiali della cittadina. Lui la sapeva, la storia. Era tutto avvenuto lì nei pressi. Mi indicò dalla finestra il gancio, a fianco dei binari della ferrovia, dove si appendevano i quarti di bue (la sede delle prime due impiccagioni), e il luogo in cui sorgeva il vecchio pioppo monumentale che fece da patibolo naturale agli altri tre, da tempo tagliato.

Dentro un cassetto, Mr. Martin trovò una cartellina blu, con la scritta «Tallulah lynchings». All'interno, un ritaglio di giornale e una busta chiusa. Nella busta, che aprimmo con una certa complicità, c'era un floppy disk. Ma era talmente antidiluviano che non sapremo mai che cosa conteneva. Il ritaglio di giornale invece era molto significativo. Un editoriale del periodico *Madison Journal*, datato 1974 e firmato dal suo direttore, Carroll Regan, grande giornalista locale, purtroppo defunto ormai da molti anni.

L'articolo era intitolato «Lo scheletro di Tallulah» e conteneva questo paragrafo:

A Vicksburg, i cittadini amanti della legge rimasero sciocati dall'oltraggio brutale perpetrato nella vicina cittadina. La comunità italo-americana di Vicksburg chiese che i corpi dei loro compatrioti assassinati fossero riesumati e portati a Vicksburg per essere seppelliti nel cimitero cittadino. Quando i corpi arrivarono, circa trenta vicksburghesi italiani di nascita li accompagnarono alle loro tombe, dove vennero seppelliti senza cerimonie religiose, in quanto erano membri della Chiesa, ma «non praticanti».

Era un altro elemento del quadro, che nessun giornale all'epoca aveva riportato. Dunque, i cinque cadaveri dei contadini-commercianti di Cefalù erano stati buttati in qualche campo, senza nome e senza dignità. Si sa – ora – che i linciaggi, in genere, erano seguiti da sparatorie contro i corpi penzolanti, si sa che venivano tagliati dita e nasi, che venivano prese fotografie, che poi venivano spedite cartoline. Non sappiamo se tutto questo cerimoniale sia stato anche seguito con i cinque cefalutani di Tallulah, ma qualcosa di imprevisto deve essere successo, se i linciatori furono costretti ad accettare almeno quella forma di pietà.

Uccisi nello stato della Louisiana, i cadaveri attraversarono il fiume e vennero sepolti nello stato del Mississippi. La Fisher Funeral Home di Vicksburg si incaricò del trasbordo dei «remains» e del funerale, pagato ben 160 dollari dal cavaliere Natale (Nat) Piazza, console onorario del Regno d'Italia a Vicksburg e proprietario di un noto albergo in città.

La scena cominciava a riempirsi di personaggi.

Così cominciai a fare delle ricerche su quella storia grottesca: cinque sfortunati siciliani ferocemente uccisi a diecimila chilometri dal loro paese a causa di una capra troppo rumorosa. Avevo voglia di sapere come erano finiti lì, ma anche di riabilitarli, o perlomeno di sentire anche la loro versione, anche se sono passati 115 anni e probabilmente il loro caso non interessa più nessuno.

È un periodo, questo, in cui molti elementi di quell'antico racconto ritornano.

La Sicilia, per esempio. Da serbatoio di emigranti, è diventata sede di una tragica immigrazione di arabi e africani, di barconi affondati e cadaveri impigliati nelle reti da pesca, o spiaggiati in mezzo ai turisti.

Il razzismo, che si credeva morto, si scopre più vivo che mai. In Italia, dove peraltro ha avuto i suoi primi vagiti, è di nuovo, praticamente, accettato; e sicuramente non fa scandalo, tanto è vero che razzisti manifesti hanno fatto parte dei governi, dettato politiche, scritto leggi e decreti.

Le uccisioni pubbliche nel vicino Oriente, veri e propri show sempre più sofisticati, sono gli spettacoli di maggiore successo offerti dalla televisione.

Più mi immergevo nella tragica odissea dei cinque *underdog*, più mi veniva da considerare la sfortuna, o il caso, come un elemento decisivo nella vita degli uomini: se solo Joe Defatta avesse legato la sua capra, forse quell'eccidio non ci sarebbe stato.

Ma poi si capisce che non è così.

Raccontare la loro storia è stato piuttosto scoprire che ci fu un vento freddo che li accompagnò, in quegli anni, dalla Sicilia all'America. Brutte idee nacquero in quel periodo, e presero a soffiare, ad organizzarsi, a diventare potenti e paurose.

Capitolo due
Il quadro di Antonello

C'è una sola foto di Francesco (Frank) Defatta, a segnare il suo passaggio su questa terra. Il contadino di Cefalù finito linciato a Tallulah sul «fosco fin del secolo morente», come diceva una canzone anarchica, se l'era fatta fare nello studio fotografico di Vicksburg. Questa è la famosa e bella città costruita sui balzi di collina alla confluenza tra il Mississippi e lo Yazoo, detta «la Gibilterra della Confederazione» per l'importanza strategica che ebbe durante la guerra civile. Frank aveva portato anche suo fratello Joe e il cugino Rosario Fiduccia. I tre dagos si erano vestiti bene per l'occasione, con abiti di scena forniti dal fotografo. Giacca scura, camicia bianca, cravattone, panciotto e spessa catena d'oro in vista, per segnalare la cipolla nel taschino. Come tutti davanti all'obiettivo, Defatta e Fiduccia sono rigidi. Joe è appoggiato sull'orlo di una sedia a dondolo di vimini e tiene un cappello in mano; Fiduccia è in piedi, con il gomito su una colonna quadrata di finto marmo.

Dunque, i nostri tre avevano fatto qualche passo avanti nella scala sociale: erano diventati dei businessmen. Ma erano rimasti, nello stesso tempo, proprio quello che uno si immaginava come un dago, ovvero un siciliano; ovvero, come spiegavano, con concordanza di vedute, le illustrazioni dei giornali popolari e le dottissime misurazioni degli scienziati, dei classici esempi di una «razza», che non era proprio bianca, ma di un colore inferiore; per essere più scientifici, il loro colore era il risultato di una commistione secolare con gli africani, qualcosa che era cominciato ai tempi di Annibale ed era proseguito, oscuramente, giù giù per il declino e la caduta dell'Impero romano.

Appena nove anni prima del loro linciaggio, era già ben diffusa in America una classificazione di razze, origini, giudizi. Il Nuovo Mondo richiamava milioni di persone che fuggivano la fame, le ingiustizie e le persecuzioni. Ma bisognava fare attenzione a chi ci si metteva in casa. E la Louisiana era uno dei luoghi d'entrata più tumultuosi.

Avevano delle idee piuttosto confuse gli americani, all'epoca. I padri fondatori, per esempio, erano totalmente innamorati di Roma e dell'antica Grecia, tanto che tutti i loro monumenti pubblici copiavano gli archi e le colonne dell'antica civiltà mediterranea. Ma poi cominciarono a fare delle distinzioni. Ecco come si esprimeva in un pubblico intervento il senatore James Eustis della Louisiana nel 1890, un uomo politico che diventerà poi anche ambasciatore in Francia:

Va bene ricevere immigrati dal Nord Italia. Questo sarebbe tutt'altra cosa, ma invece tutti gli italiani che ci arrivano adesso vengono dalla punta e dal tacco di quella penisola, e dalla Sicilia. Vedete, nel Nord Italia sono davvero Celti, come i Francesi e gli Irlandesi, e infatti discendono dai Lombardi; i Siciliani e i Calabresi invece sono un misto di discendenti di vecchi pirati, i Mori, e di razze latine degenerate, andate alla deriva dopo la caduta dell'Impero romano.

Ma guardando le fotografie dei Defatta, i loro capelli corti e spessi, incollati bassi sulla fronte, gli enormi baffi neri, le sopracciglia folte, le facce squadrate su una pelle sicuramente più scura di quella di un irlandese o di un tedesco, ci si accorge anche di un qualcosa nello sguardo. Sia Joe che Frank Defatta non sono filosofi, non sono malinconici; non sono ribelli e neppure sottomessi. Sia Joe che Frank hanno piuttosto uno sguardo reattivo, osservatore. Apparentemente sono giovani uomini molto seri, compresi, quasi dei martiri. Ma è come se tanta austerità fosse costruita, e solo a malapena mantenuta, per il tempo dello scatto dell'obiettivo. La loro bocca è sul momento di incresparsi in un sorriso, quegli occhi sono pronti a diventare fessure in una grande risata.

I cinque linciati di Tallulah venivano tutti dall'antichissima città di Cefalù, sulla costa settentrionale della Sicilia. Fin dalla notte dei tempi, Cefalù era nota per la sua spettacolare rocca sul mare e per la basilica bizantina normanna che il Re Ruggero II fece costruire alla fine del 1100, ringraziando per uno scampato naufragio. Porto importante su una costa difficile e battuta d'inverno da forti venti, Cefalù è incastonata tra Palermo e Termini Imerese ad ovest, Milazzo e Messina ad est. Di fronte, l'arcipelago delle isole Eolie, anch'esse centro antichissimo di civiltà e commerci marittimi e porto di eccellenza tra Napoli, la Sicilia, Malta. La terra, qui, è coltivata da duemila anni a grano, ulivo, vite e soprattutto agrumi; gli arabi vi portarono un fantastico sistema di irrigazione che diede vita a lussureggianti giardini di limoni. Ai tempi della nostra storia, una ferrovia correva a pochi metri dal mare, da Messina a Palermo (e ci corre ancora, ma piano). Dei circa 12.000 abitanti, 10.000 erano completamente analfabeti.

Cefalù, con quel nome così strano, è uno degli emblemi della Sicilia, famosa per i mosaici del Duomo, le sue viuzze medievali pavimentate di ciottoli presi dalla spiaggia, ed è anche uno dei maggiori simboli della sicilianità internazionale, da quando il regista Pietro Germi, nel famoso «Divorzio all'italiana», del 1961, diede il nome di «barone Cefalù» al giovane Marcello Mastroianni innamorato della cugina adolescente, Stefania Sandrelli. Il barone Cefalù era un nobile spiantato, nullafacente, che si impomatava capelli e baffi nerissimi e costruiva un astutissimo piano per far fuori la moglie e poter sposare, infine, la cugina. Quindici anni dopo la città di Cefalù, ormai diventata uno dei maggiori luoghi turistici della Sicilia, venne rivelata nella sua storia risorgimentale dal romanzo di Vincenzo Consolo, *Il sorriso dell'ignoto marinaio*. Vi si narrava del barone Enrico Pirajno di Mandralisca: un gentiluomo e uno scienziato – il suo campo, la malacologia, ovvero lo studio delle lumache e delle conchiglie – di idee molto liberali nella Cefalù all'epoca della spedizione garibaldina e dei sanguinosi moti per la terra che si svolsero in quegli anni. Pirajno (realmente esistito) appariva, nella sua sincera speranza di una rivoluzione sociale, un contraltare al cinismo aristocratico di Fabrizio principe di Salina, l'eroe del *Gattopardo* di Tomasi di Lampedusa (che, peraltro, nel film di Visconti è mirabilmente interpretato da un attore americano dagli occhi azzurrissimi, Burt Lancaster). Se nel *Gattopardo* la massa dei contadini, degli sfruttati, degli illusi da Garibaldi quasi non compare, per dare spazio all'immutabilità di un'aristocrazia in disfacimento alleata ad una nuova classe feroce e sciacallesca; in compenso, nel *Sorriso*, i diseredati irrompono sulla scena e si fanno avanti con il coltello e un ideale di giustizia primordiale, per finire poi uccisi dal nuovo Stato o gettati in ceppi nelle segrete. Al povero barone di Mandralisca non resterà che donare al popolo la sua raccolta di lumache e alcune tele che aveva collezionato.

Tra queste, la più fascinosa è un piccolo quadro di Antonello da Messina, che ritrae un ignoto. La tela, piccola di dimensioni, era conservata nella farmacia Di Salvo nella via principale di Lipari e fungeva (il pubblico ne vedeva solo il retro) da anta nel mobilio dello speziale. Quando Pirajno di Mandralisca la trovò, nel 1860, era anche in cattive condizioni. La figlia dello speziale aveva trafitto con una spina di aloe le due pupille dell'ignoto, che le metteva paura, o forse le ricordava un uomo che non l'amava o che l'aveva sedotta e abbandonata.

Il quadro ritraeva un uomo nato quattro secoli prima, probabilmente un liparota – un armatore o un marinaio –, dato che Antonello tra il 1470 e il 1475 visse proprio a Lipari e dipingeva gli stemmi, le insegne, i gonfaloni della fiorente marina eoliana.

La storia apparentemente finisce qui, con Mandralisca che espone la tela nel suo personale museo, che verrà donato al popolo di Cefalù alla sua morte, nel 1863. Ma, con quel romanzo, l'ignoto marinaio tornò a vivere e a inquietare. L'ignoto anonimo, dipinto ad olio su uno sfondo nero, in posa di tre quarti secondo la moda fiamminga, calza una berretta che gli copre tutta la fronte, increspa un sorriso beffardo, infingardo, o forse sadico, o forse semplicemente soddisfatto e sicuro. Si può comprendere come la figlia dello speziale ne fosse allo stesso tempo impaurita e attratta; l'ignoto è un enigma; dal tempo del romanzo si cominciò a discutere se non fosse addirittura il maggior simbolo di un universale carattere italiano, di un mistero pari a quello della Gioconda; il significato di quello sguardo, la sua carica erotica, l'ambiguità, la «sicilianità».

Leonardo Sciascia, per esempio, scrisse:

... A chi somiglia l'ignoto che si trova nel Museo Mandralisca? Al mafioso della campagna e a quello dei quartieri alti, al deputato che siede sui banchi della destra e a quello che siede sui banchi della sinistra, al contadino e al principe del foro; somiglia a chi scrive questa nota (ci è stato detto); e certamente somiglia ad Antonello. E provatevi a stabilire la condizione sociale e la particolare umanità del personaggio. Impossibile. È un nobile o un plebeo? Un notaro o un contadino? Un uomo onesto o un gaglioffo? Un pittore un poeta un sicario? «Somiglia», ecco tutto.

Ecco perché, in questa somiglianza generale, e forse anche perché c'è un mare di mezzo, e delle partenze, della lontananza, la fotografia di Frank Defatta mi è sembrata assomigliare all'ignoto di Antonello. L'attaccatura dei suoi capelli ricalca la sua berretta, l'incarnato è simile, così come lo sono la posa in cui il busto e la testa sono sistemati; gli occhi, naturalmente. Vivi, ironici, fanciulleschi, minacciosi.

Oggi noi sappiamo che furono, soprattutto, gli occhi e la pelle di Defatta e dei suoi fratelli a portarli alla morte: coloro che ne decretarono la fine ne erano spaventati. Dal colore della loro pelle e da quegli occhi, da quel sorriso. Proprio come la figlia dello speziale di Lipari con il quadro di Antonello.

Ai tempi della nostra storia, però, più che il mistero degli occhi e di un sorriso, erano la pelle con i suoi tatuaggi, l'attaccatura dei lobi delle orecchie, la forma del cranio dei siciliani, specie di quelli poveri, e soprattutto di quelli ribelli – l'oggetto di un'attenzione spasmodica. Alla scienza del neonato Stato italiano venne chiesto di spiegare come mai quei contadini calabresi, siciliani, sardi erano così poveri e così cattivi. «È nel loro sangue», dissero gli scienziati. Nelle circonvoluzioni del loro cervello, non c'è niente da fare. Se se ne andassero tutti in America, sarebbe una benedizione.

Capitolo tre
Il sesto uomo

All'epoca dei fatti, la contea (o meglio, la parrocchia) di Madison era probabilmente «la più nera» di tutti gli Stati Uniti d'America. Nera come se fosse una provincia del Congo.

Sperduta nel niente, isolata, proprio per la sua lontananza da tutto e per la lentezza con cui arrivavano un tempo le notizie, ricorda la Macondo del romanzo. Il governo americano ottenne queste terre all'interno del grande acquisto della Louisiana da Napoleone, che per tutto lo stato incassò 15 milioni di dollari nel 1803. (Napoleone era a corto di moneta dopo i disastri combinati in Egitto; gli americani avevano preventivato di spendere molto di più).

All'inizio dell'Ottocento, prima che arrivassero migliaia di semi-schiavi cinesi a disboscarla, tutta la parrocchia era ancora una grande foresta abitata da orsi e dalla grande tribù degli indiani Choctaw, insediati lungo il fiume Mississippi. Decine di bayou dalle vegetazioni lussureggianti e popolati da alligatori accompagnavano il corso del grande fiume. Disboscata e addomesticata con argini e terrapieni, quella terra divenne una delle più fertili per la coltivazione del cotone e quindi uno dei maggiori insediamenti di schiavi in America.

Il nome Tallulah esiste dal 1853. La leggenda locale dice che il giovane ingegnere delle ferrovie incaricato di stabilire il tracciato, avesse deciso per la vicina Richmond, ma venne sedotto da una bella vedova, proprietaria di una grande piantagione di cotone. Il giovane così cambiò il percorso e previde una stazione come desiderava la signora. Questa, ottenuto quello che voleva, si disinteressò dell'ingegnere. Il quale, per romantica vendetta, chiamò la nuova stazione Tallulah, dal nome di una fidanzatina che aveva avuto in Georgia. Il nome è indiano e significa «acqua che salta», ovvero cascata.

La linea ferroviaria univa Tallulah con le cittadine di Monroe e Shreveport a nord-ovest, a sud con Baton Rouge, la capitale della Louisiana, e infine con il grande porto di New Orleans; ad est – montato il treno su un ferry e attraversato il fiume – il primo collegamento era con la città di Vicksburg e poi con Jackson, la capitale del Mississippi. A differenza del sud dello stato, che è cattolico, il nord è protestante e ha vicinanza geografica e affinità con il Mississippi, l'Arkansas e il Texas. Gli abitanti di Tallulah non si accontentarono di aver scippato a Richmond la stazione ferroviaria; subito dopo, in un raid notturno, sottrassero ai vicini tutte le carte catastali e i documenti di proprietà e stabilirono a Tallulah il capoluogo amministrativo della parrocchia.

Alla fine dell'Ottocento Tallulah aveva alcune grandi ville e una popolazione stimata di 12.000 negri e solo 160 famiglie bianche, per un totale di circa 400 persone. Di queste, meno della metà possedeva della terra e quindi poteva votare alle elezioni.

Un bianco ogni venti negri, in alcune zone della parrocchia uno ogni cento. I negri, non più schiavi dal 1865, abitavano in genere ai margini della foresta o nelle piantagioni di cotone, dove si procuravano il cibo in grandi spacci organizzati dai bianchi. Solo la domenica li si poteva vedere in gruppo, a celebrare battesimi immergendo i bambini nelle acque, al molo di uno dei più grandi bayou della parrocchia.

La natura continuava a colpire durissimo nella parrocchia di Madison, con alluvioni e malattie. Il Mississippi esondò disastrosamente nel 1896, ma inondazioni minori erano frequenti. La febbre gialla, endemica, diventava epidemica in media ogni sette estati. Ma era stata soprattutto la guerra civile a pesare su quell'angolo della Louisiana.

Il paesaggio è piatto e piuttosto monotono, ma se uno oggi percorre a piedi le stradine intorno a Tallulah, si imbatte spesso in targhe in metallo, di circa mezzo metro quadro, conficcate con una lancia di ferro nel terreno, molte volte in mezzo all'erba alta. Sono decine e decine e raccontano di episodi assolutamente minori, noi diremmo insignificanti, della guerra civile. «Qui l'esercito unionista cercò di costruire un ponte di barche», «qui un cospicuo fuoco di fucileria costrinse il Tennessee Battalion a ritirarsi temporaneamente dalla posizione...», «qui era stato organizzato un deposito di munizioni, che venne sabotato dagli incursori di

Ritratto d'uomo di Antonello da Messina (1465 ca.). Museo Madralisca, Cefalù. © Fondazione Culturale Mandralisca.

Giuseppe «Joe» Defatta, nato a Cefalù nel 1865, emigrato in Louisiana nel 1890, ucciso a Tallulah, Louisiana, il 20 luglio 1899. Questa fotografia, come le due seguenti, venne scattata in uno studio fotografico di Vicksburg, Mississippi, probabilmente nel 1897.

Francesco «Frank» Defatta, nato a Cefalù nel 1869, emigrato in Louisiana nel 1890, ucciso a Tallulah, Louisiana, il 20 luglio 1899.

Rosario Fiduccia, detto «Sy Defichi», nato a Cefalù nel 1862, emigrato in Louisiana nel 1890, ucciso a Tallulah, Louisiana, il 20 luglio 1899.

Vicksburg». Tutta questa memorialistica culmina, dall'altra parte del fiume, nel più grande museo militare che sia dato vedere, probabilmente, al mondo. Adagiato sulle colline per decine di ettari, il luogo dove si consumò l'epico assedio della città durato sette mesi e terminato con la sconfitta, fatale per i Confederati, del 4 luglio 1863, è diventato un monumento nazionale – e imparziale – alla Guerra. Ogni stato americano ricorda con enormi costruzioni di marmo e granito il suo contributo alla battaglia, allineando gruppi sculturei di fantaccini morenti, bandiere issate, cannoni e mortai, cavalli imbizzarriti o stramazzanti.

Perdendo Vicksburg, gli stati schiavisti persero il controllo del fiume e la possibilità di approvvigionamento: la Confederazione fu tagliata in due. Ad operare la vittoria furono i due più grandi strateghi dell'esercito unionista, i generali Ulysses Grant e William Tecumseh Sherman, autori di un dispiegamento formidabile di forze e dell'utilizzo di sommergibili, navi corazzate, testuggini marine, incursori, dinamite. I due sono ancora oggi considerati dai sudisti degli psicopatici, feroci e inumani yankees, la storia militare li considera invece i geniali padri dell'arte della guerra moderna.

Decisamente un posto strano per venire ad essere ammazzati, per cinque siciliani. Eppure, forse tutta quella terra a far da collante tra ricchezza e miseria avrà ricordato la loro isola e la sua storia. E solo per un accidente della storia non incontrarono da quelle parti il generale che aveva cambiato la vita dei loro padri.

Proprio lui, Giuseppe Garibaldi, avrebbe dovuto essere al posto di Grant e Sherman, a capo dell'esercito del presidente Lincoln, a combattere in mezzo alle paludi, ad assediare Vicksburg, a comparire biondo a cavallo liberatore col poncho degli schiavi in catene. Lincoln aveva seriamente considerato Garibaldi, che nel 1860, dopo la strepitosa guerra di liberazione della Sicilia era diventato il personaggio più popolare d'Europa. Garibaldi faceva i titoli di prima pagina dei giornali americani («Arriva Garibaldi!», «Garibaldi comanderà l'esercito», «Sfuma l'ipotesi Garibaldi») come se fosse una grande star del calcio. Lincoln mandò addirittura un proprio inviato, il diplomatico Henry Shelton Sanford, da solo e in incognito a cercare di convincere il generale, fin nell'isola di Caprera, già nel 1861. Garibaldi, che allora aveva 57 anni e l'aureola del liberatore degli oppressi, fu naturalmente tentato, ma il suo colloquio con Shelton Sanford fu franco.

«Mi dica, caro amico. L'obiettivo di questa guerra, esattamente qual è? È la conquista del sud o la liberazione degli schiavi? Perché, francamente, a me interessa solo la seconda ipotesi. Anzi, di lì si potrebbe continuare per liberare i neri nei Caraibi e in Brasile...».

Shelton Sanford fu abbastanza vago. Garibaldi non era convinto. E non era convinto neppure di quello che sarebbe stato il suo status. Pieni poteri o avrebbe dovuto dividerli. E con chi?

Dopo due giorni di colloqui, Shelton Sanford e Garibaldi si lasciarono, senza che il secondo accettasse l'ingaggio. Che peccato!

A due passi da Tallulah restano i luoghi che fanno ancora tremare le vene ai polsi. Chissà se Garibaldi avrebbe fatto quello che fece il generale Grant. Per dare l'assalto a Vicksburg da ovest, bisognava prendere il controllo del fiume. E qui il Mississippi formava un'ansa profonda, a forma di forcina per i capelli, che rendeva qualsiasi attaccante facile preda dei cannoni sulle colline. Grant decise di bypassare la forcina scavando un canale. Mise 20.000 soldati e 5.000 schiavi, liberati e arruolati all'improntà, a una fatica peggiore di quelle che avevano mai fatto, per un anno in mezzo alle paludi e agli alligatori. Quell'esercito, mal nutrito, colpito dalla malaria e dalle cannonate, sacrificò la vita di più di 10.000 uomini per aprirsi il passaggio. E non ci riuscì: Vicksburg alla fine venne presa da sud.

In questi campi e in queste paludi oggi, nei week-end arrivano spedizioni organizzate di «turismo storico», armate di metaldetector, alla ricerca di antichi proiettili, armi, monete o, chissà, qualche tesoro sepolto.

Nella parrocchia di Madison, la guerra lasciò uno strascico di distruzioni, miseria e rancori insanabili. Qui, per la prima volta, degli schiavi liberati furono vestiti dagli unionisti con una divisa militare e addirittura forniti di armi da fuoco; secondo i confederati, si macchiarono di stupri e saccheggi ai danni dei loro padroni. Se venivano presi prigionieri, i soldati neri erano passati per le armi, come cani infedeli. Qui, i confederati preferirono bruciare le grandi piantagioni piuttosto che lasciarle al nemico vittorioso.

Trent'anni dopo quegli avvenimenti, i latifondisti ancora non si capacitavano di come fosse stato distrutto il loro perfetto sistema di vita, il loro ordine terriero fatto di schiavi africani ubbidienti, di una religione che aveva assicurato, Bibbia alla mano, la supremazia della razza bianca, di una politica che non avrebbe mai preso in considerazione di trattare i negri come cittadini. In ricordo di quel mondo perfetto, a Tallulah erano state pubblicate le memorie di Kate Stone Holmes, la figlia della più grande famiglia locale, istruita, sensibile, patriottica, quasi una Rossella O'Hara di *Via col vento*. Nel suo diario era descritta la guerra vista dalla piantagione di Brokenburn – 1.200 acri, 150 schiavi comprati al mercato di New Orleans –, il coraggio dei suoi fratelli soldati, la galanteria del vecchio mondo che a Tallulah si sfidava in tornei in costume sulla scorta dei romanzi di Sir Walter Scott e che comprava in Svizzera la carta da parati e a Murano i lampadari. I progetti di un Grand Tour in Europa prima che la guerra scoppiasse. E poi la fuga in Texas, con la perdita dei propri averi, il ritorno e la rabbia nel vedere il proprio mondo usurpato.

In questo angolo di mondo erano arrivati i Defatta di Cefalù, fuggiti da un sistema sociale che sembrava dovesse cambiare e che invece non era cambiato per niente. Negli stessi anni in cui l'esercito dei nordisti americani scatenava la più grande guerra mai vista al mondo contro l'economia del latifondo e della schiavitù, nell'antico Mediterraneo uno strano generale dai

capelli biondi era sbarcato in Sicilia per liberare gli oppressi schiavi dei Borboni e della Chiesa, promettendo loro che non avrebbero mai più dovuto inchinarsi e baciare le mani dei padroni, e addirittura che avrebbero avuto la loro terra, da padroni.
I Defatta erano arrivati fino a Tallulah perché quella promessa non aveva funzionato. Avevano scoperto che a chiedere la terra c'era solo da prendersi schioppettate addosso. Neanche i negri liberati in America avevano avuto la terra che era stata loro promessa. Anzi, non avevano avuto un bel niente.

La notte del 20 luglio 1899, i cinque cadaveri penzolavano dalle forche, ma il lavoro dei linciatori non era ancora concluso. Tallulah era percorsa da uomini a cavallo. Avevano impedito le comunicazioni con l'esterno, tenendo sotto il tiro dei fucili il telegrafista e formando posti di blocco sulle due strade di accesso alla cittadina; avevano perquisito le case-negozio dei Defatta alla ricerca di armi o di qualunque cosa potesse provare che i siciliani erano pronti ad attuare il loro complotto e si stavano radunando per dare attuazione all'Editto, così l'avevano chiamato.
L'Editto era semplice: nessun dago deve sopravvivere nella parrocchia di Madison. Ne esistevano però ancora due, padre e figlio, a poche miglia di distanza, nella piccola frazione di Milliken's Bend, sulla riva sinistra del Mississippi. I linciatori erano abituati ad agire anche in trasferta, l'avevano già fatto in precedenza. Una «posse» – così veniva chiamata una improvvi-

sata milizia – venne radunata sulla pubblica piazza e si preparò a galoppare per nove miglia a nord per arrivare nel più breve tempo possibile a Milliken's Bend.

Gli uomini che cercavano erano Giuseppe Joe Defina e suo figlio Salvatore, un ragazzo. Joe Defina faceva parte della stessa razza degli impiccati; era anzi addirittura il cognato di uno dei Defatta e a Tallulah lo conoscevano tutti. Anche lui in zona da sei anni, gestiva un emporio conosciuto da tutti a Milliken's Bend. Era chiaro che doveva essere punito come gli altri; era impossibile che non fosse al corrente del progetto del cognato di uccidere il dottor Hodge.

Ma quella notte, qualcosa andò storto per i linciatori. Per merito di due brave persone, il signor Ward e il dottor Gaines. Il primo stava tornando da Milliken's Bend verso Tallulah quando incontrò la posse, mentre si stava radunando e non era ancora partita. Lo informarono che stavano andando a linciare Joe Defina; Ward girò il cavallo e corse più veloce possibile ad avvertirlo. E così fece il dottor Gaines, un medico, collega di Hodge. Era andato a trovarlo a casa e aveva scoperto che non era affatto in pericolo di vita; le sue ferite, alle mani e all'addome, erano tutto sommato superficiali, causate da una scarica di pallini da caccia. E così anche Gaines si mise a cavallo.

Davanti alla bottega di Joe Defina, i due si fecero garanti di una trattativa tra i linciatori e l'uomo condannato al linciaggio. All'inizio Joe sembrò aver ottenuto ventiquattro ore per lasciare la parrocchia, ma poi queste vennero improvvisamente ridotte a tre. Defina capisce che l'unica possibilità è attraversare il fiume. Ad aiutarlo sarà uno dei suoi lavoranti, un nero di nome Buck Collins che, per il prezzo di sei dollari, gli recupera una piroga. Joe e il figlio mettono in salvo poche cose, tra cui il «ledger», il libro mastro – dove sono segnati tutti i crediti della bottega – e si apprestano a passare in Mississippi. Devono per prima cosa allontanarsi dalla posse attraverso i bayou infestati di alligatori e poi affrontare venti chilometri di corrente impetuosa attraverso il fiume, per approdare sulla riva di Vicksburg. Ci mettono molte ore prima di arrivare. Il sole è cocente, loro sono ustionati e febbricitanti, ma ce l'hanno fatta.

Non era la prima volta che Joe Defina si trovava in pericolo in mezzo all'acqua. Quando era ragazzo, mozzo siciliano in mezzo a tanti altri mozzi, macchinisti, carbonari e garibaldini siciliani, era stato speronato dagli austriaci sulla corazzata *Re d'Italia*, il vanto della marina italiana nella famosa battaglia di Lissa.

Era il 1866, la Sicilia era appena diventata parte del Regno d'Italia e i suoi migliori marinai erano chiamati alla guerra per liberare dal giogo austriaco il Veneto e consolidare così la patria e i suoi confini orientali. (È quella che studiamo a scuola sotto il nome di «Terza guerra di indipendenza»).

Non era andata bene, anzi era stato un disastro. La marina austriaca, tutta composta di marinai veneti abituati a navigare e a darsi gli ordini nel loro dialetto (quelli che, secondo i Savoia, non vedevano l'ora di diventare italiani), sbaragliò una pomposa, corrotta, assurda flotta italiana, di dieci volte più grande, in cui gli ammiragli erano dei nobili piemontesi, gli ufficiali non avevano mai vinto una battaglia, e l'unica forza all'altezza della situazione era la ciurma raccolta a forza dai porti del meridione. Il ragazzo Defina, come centinaia di altri, si trovò così in mezzo al mare, naufrago appoggiato a un relitto, davanti ad Ancona. Venne rimandato a casa. I marinai veneti che avevano combattuto a Lissa sotto la bandiera dell'imperatore Francesco Giuseppe ricevettero tutti un pezzo di terra nel loro impero; i siciliani sconfitti e affondati a Lissa non ricevettero niente. E così Giuseppe Defina si era ritrovato, ventenne, a fare il reduce a Cefalù, suo paese d'origine.

Non ci sono sue fotografie. Sappiamo solo che prese la via dell'America nel 1889, quando aveva – più o meno – quarantacinque anni. Ma sappiamo anche che era a New Orleans al tempo del grande pogrom contro gli italiani; che, come tutti, dovette stare ben nascosto per mesi e se ne andò a cercare fortuna al nord. E un po' di fortuna l'aveva fatta davvero. Aveva tre cavalli, un mulo, un fucile, tre lavoranti, un po' di terra da coltivare e il suo *general store* a Milliken's Bend era una delle dodici botteghe sulla via principale del paesino.

Quando si presentò, il 22 luglio 1899, con la febbre alta e il corpo bruciato dal sole, davanti al cavaliere del Regno d'Italia Natale Piazza, console onorario di Vicksburg, Giuseppe Joe Defina era tante cose insieme. Era un cittadino italiano, un reduce di guerra, con tanto di medaglia al valore, il primo uomo scampato a un linciaggio, un commerciante che aveva perso tutto.

Un uomo in fuga di terra in terra, e ogni volta salvato dalle acque. O forse solo un dago, un criminale, una schiuma della terra.

Capitolo quattro
La notizia arrivò sui giornali...

Le prime notizie che in quella sconosciuta Macondo sul Mississippi era avvenuto qualcosa di terribile, cominciarono ad occupare i telegrafi nella mattinata del 21 luglio. Il telegrafista di Tallulah, appena ebbe il permesso di farlo, dettò a New Orleans e a Vicksburg, da dove l'Associated Press trasmise in tutti gli Stati Uniti. Il giorno dopo «i fatti di Tallulah» erano sulla prima pagina di tutti i quotidiani americani e, con dovizia di particolari, in tutti quelli del sud. Un linciaggio collettivo (e non di negri) era una grossa notizia; ed erano anni ruggenti per il giornalismo americano. A quel tempo non c'era paese in America che non stampasse almeno due pagine di notizie quotidiane ed era normale che piccole cittadine avessero almeno due quotidiani, in rappresentanza di diversi gruppi di interesse. E così il linciaggio degli italiani (tutti i nomi uscirono per giorni storpiati, così come Cefalù chiamato nelle più buffe maniere), venne definito sia «atroce», «scandaloso», che «ordinato», «determinato», «esemplare», «barbarico». La prima pagina del *Morning News* della città di Muncie, nello stato dell'Indiana, dà un'idea dello stile dell'epoca:

Cinque assassini siciliani appesi da una folla
estremamente ordinata a Tallulah
AVEVANO MORTALMENTE FERITO UN IMPORTANTE DOTTORE
Due degli italiani avevano precedenti penali – Uncini di
un mattatoio usati per due di loro – Una quercia nel cortile della prigione è stata sufficiente per gli altri tre.

Ci dovevano essere invece dei progressisti al *Galveston News* del Texas, che, sulla base delle stesse notizie, così immediatamente commentarono:

I cittadini al potere a Tallulah, parrocchia di Madison in Louisiana, hanno appena segnato dei punti importanti nel campionato della barbarie, della brutalità e dello spargimento di sangue impiccando una mezza dozzina di italiani, perché un altro italiano aveva sparato a un uomo bianco con un fucile a pallini. Viene riportato che «la folla era quieta al massimo» durante il linciaggio. Terribile!

Tutti i giornali naturalmente riportavano la storia delle capre, che rendevano il linciaggio di Tallulah un caso unico nella lunga sequela di impiccagioni negli stati del sud. Ma le ricostruzioni erano tutte confuse. Capre, ma forse un gregge di pecore. Nella casa del dottore, o forse su un prato pubblico. I Defatta avevano sfidato il dottore. Lui aveva risposto da vero gentiluomo: «Non mi interessa uccidervi, ma se è necessario lo farò». Assolutamente vaghi erano gli orari e anche l'andamento dei fatti. Non si capiva chi era stato arrestato prima e chi dopo, lo sceriffo del paese compariva solo per un attimo, il procuratore non compariva mai, ma il clima descritto dai reporter in quell'angolo sperduto di mondo, certo non era favorevole alle vittime.

La vox populi, che anonimamente parlava, indicava negli uccisi delle persone cattive e selvagge. Avevano un legame morboso con i loro animali, tanto da considerare giusto uccidere una persona per vendicare una capra; erano violenti, tanto che uno di loro aveva ucciso un negro che gli aveva rubato un melone. Un altro aveva comprato merce a New Orleans e non l'aveva pagata, per cui era stato pesantemente multato. Per quanto riguarda Defina – quello che viveva tra i boschi di Milliken's Bend – anche lui era stato portato a processo per l'uccisione di un un povero reduce confederato costretto a fare il guardiacampi, ma era stato assolto. I siciliani – era sempre la vox populi a parlare – si vantavano di avere talmente tanto denaro da poter corrompere qualsiasi giuria. Per quanto riguarda i loro propositi omicidi, il paese aveva notato che i siciliani avevano serrato i loro due negozi nel pomeriggio prima dell'attentato e che il più giovane di loro, alla domanda sul perché, aveva risposto con un ambiguo sorriso. Venivano riportate anche le loro reazioni al momento dell'impiccagione. Prima i fratelli Defatta si sarebbero accusati tra di loro, uno poi avrebbe chiesto pietà, Frank aveva detto «siamo amici, ci conosciamo da sei anni», mentre il più giovane, John Cirami, con il cappio al collo avrebbe fatto un vago accenno alla «società» che lo avrebbe vendicato.

Secondo il *New Orleans Daily States* del 24 luglio, a commento dello stato d'animo dei linciatori:

Ogni uomo in quella folla sapeva tutto sulla mafia e sull'omicidio di Hennessy. Erano determinati a che non ci fosse una ripetizione di quell'evento. Consideravano quei degenerati come dei mostri, capaci di ogni possibile infamia ed erano determinati a distruggere la mala pianta dalle radici, proprio come il cavaliere schiaccia con il suo stivale ferrato la testa della vipera.

Ognuno di quegli uomini di Tallulah sapeva tutto sulla mafia? Non volevano una ripetizione di quello che era successo a Hennessy? Mafia? E chi era Hennessy? Il giornale di New Orleans evidentemente parlava di cose che per il suo pubblico erano pane quotidiano, ma che fuori dalla Louisiana erano sconosciute o misteriose.

Lo stesso giornale aggiungeva, però, che mentre gli uomini venivano portati al patibolo, «un grande numero di cittadini si fece avanti per salvare la vita dei siciliani», ma le suppliche non ebbero effetto. Il *Daily States* commentò: «*The crowd heard and did not hear*» (la folla sentì, ma non ascoltò). Magnifiche parole, con il sapore di una storia tratta dai Vangeli, un mancato miracolo in Galilea. Mette i brividi come una semplice frase restituisca immediatamente un'immagine, un'umanità. Ecco che la folla, non più «compatta e determinata», diventa percorsa da sentimenti, è indecisa, turbata. Dunque, quelle persone sentirono, nel cuore, che quegli uomini non meritavano la morte. Quei giovanotti che vendevano la frutta, che parlavano a voce alta, con i loro baffoni neri e le bandane rosse, che ormai facevano parte del paesaggio, che con qualcuno erano amici... Era proprio necessario ucciderli?

Ci fu un'assemblea, dunque, che durò parecchio. Ci furono arringhe, Frank aveva ragione a fare il suo ultimo tentativo... E forse, se si fosse messo ai voti, gli ultimi tre non sarebbero stati impiccati.

Ma evidentemente non si era trattato di un'assemblea democratica. Evidentemente a Tallulah c'era un gruppo che comandava e imponeva il suo volere sopra tutti gli altri.

In Italia, la notizia arrivò quasi contemporaneamente, a riprova del fatto che la famosa globalizzazione dell'informazione di cui si parla ora, aveva un precedente illustre nel telegrafo. La diffuse l'Agenzia Stefani riprendendola dall'americana Associated Press e trovò immediatamente posto in una breve colonna sulle prime pagine dei quotidiani italiani.

Scarsi i particolari (ma naturalmente l'assurdità di cinque omicidi per una capra saltava agli occhi), mentre immediata era la condanna dell'inciviltà americana e la gestione politica dell'avvenimento. I giornali italiani, tutti condannando la brutalità della cosiddetta «legge di Lynch», chiesero che il governo si facesse sentire con la massima efficacia perché i nostri lavoratori emigrati in America fossero tutelati. La «giustizia per i lavoratori di Tallulah» divenne – per poco tempo, peraltro – un retorico banco di prova per la forza e l'attaccamento al suo popolo del giovane Regno d'Italia, del suo governo e del suo monarca.

Rimbalzò addirittura in parlamento, ma senza troppa convinzione.

Alla fine del secolo, il Regno d'Italia unificato da appena quarant'anni, con capitale a Roma da meno di trenta, aveva altro cui pensare, che non a un linciaggio in America.

Al nord, insieme alle prime industrie di grandi dimensioni, aveva preso forza il movimento socialista ed anarchico che manifestava nelle piazze. Il sud, annesso con plebiscito trent'anni prima, continuava ad essere «terra incognita», sede di rivolte a scoppio continuo, oggetto di campagne militari feroci e coperte dalla censura sotto il nome di «repressione del brigantaggio». Piccola potenza tra le altre europee, il Regno d'Italia cercava di costruire anch'esso un proprio impero coloniale. Sentiva di averne diritto, in nome del suo passato, della sua storia, dell'antica Roma che risuonava. Un primo tentativo di sottomettere l'Abissinia era finito tre anni prima ad Adua, che gli etiopi chiamavano Abba Garima. In una farsa tragica di generali incompetenti e boriosi, migliaia di soldati italiani erano stati massacrati dalle truppe del sovrano Menelik. Per la prima volta, c'erano state, in tutta la penisola, manifestazioni di protesta contro la leva; contro i carabinieri mandati a reprimerle, i manifestanti avevano gridato «Viva Menelik», inneggiando con sarcasmo all'imperatore etiope che aveva sconfitto il generale Barattieri. Per domare una rivolta per il pane a Milano, l'esercito piemontese aveva fatto duecento morti; il governo, affidato dal Re a uno dei tanti ottusi generali a disposizione, il piemontese Luigi Pelloux, aveva stilato un elenco di soppressioni di libertà per colpire i socialisti ed era poi caduto in parlamento su una teatrale e surreale vicenda di spionaggio internazionale. L'Italia non aveva avuto dalla Cina la concessione della baia di San Mun, perché la nostra diplomazia si era troppo fidata di quella inglese, per raggiungere lo scopo, ed era stata da questa beffata. Orgoglio nazionale ferito. In patria, lo stato d'assedio permaneva in molte parti della Sicilia, dopo la grande prova di forza contro i Fasci Siciliani, il movimento popolare che, per la prima volta, chiedeva la terra.

Forse una cosa sola accomunava gli italiani, allora: la disperazione, che spingeva milioni di persone ad imbarcarsi per il Nuovo Mondo. L'Italia povera, l'Italia sconfitta dalle politiche della monarchia, quella pellagrosa del nord, così come le moltitudini sconosciute della Calabria, della Sicilia, della Sardegna, saliva sui bastimenti per ricostruire se stessa in Argentina, in Brasile e negli Stati Uniti d'America. I prefetti e i preti incoraggiavano l'emigrazione, spesso la istigavano. Meno rivolte in patria, meno bocche da sfamare. La burocrazia statale conteggiava con orgoglio la quantità delle rimesse per le famiglie rimaste a casa. L'Italia scopriva il proprio, particolare, modello di sviluppo.

A Cefalù, il paese a cui appartenevano i cinque linciati, la notizia arrivò il 22 luglio. Il *Giornale di Sicilia* la incastonò, in prima pagina, tra la cronaca del processo al capitano Dreyfus a Parigi, le nozze dei reali di Grecia e la partenza del transatlantico *Nord America* da Genova per Montevideo.

ATROCITÀ AMERICANE
CINQUE ITALIANI LINCIATI

New York, 22 – (Agenzia Stefani). Un telegramma da Tallulas, borgo della contea di Madison nella Luigiana, reca che il noto dottor Hodges ebbe una questione con un italiano. Questi sparò contro Hodges un fucile da caccia ferendolo mortalmente.

La folla si impadronì dell'italiano e di quattro suoi amici pure italiani sospetti di complicità impiccandoli agli alberi e crivellandone i corpi di palle. Essi sono Carlo, Giacomo e Francesco Difatto, S. Frudace e Giovanni Cheranao. L'opinione pubblica disapprova il linciaggio. Le autorità hanno iniziato il processo.

New Orleans, 22 – Appena avuta notizia del linciaggio di Tallulas il console italiano mandò sopra luogo l'agente consolare di Vichsboms per fare un'inchiesta e cooperare alla punizione dei colpevoli. Ancora una volta la barbara consuetudine americana, che impropriamente vuolsi giustificare sotto il nome di legge di Lynch, ha fatto delle vittime tra i coloni italiani.

Come quello di Nuova Orleans, il linciaggio di Madison è un massacro selvaggio, che fa torto a un paese civile.

Tanto più che oltre al presunto colpevole, furono dalla folla assassinati gli altri italiani che seco lui si trovavano.

Attendiamo ora di vedere se il governo agirà colla necessaria energia per ottenere la severa punizione dei colpevoli e la dovuta indennità alle famiglie delle vittime infelici!

Nei giorni successivi il *Giornale di Sicilia* diede qualche elemento in più, correggendo i nomi e aggiungendo qualche particolare anagrafico. Si scopre così che:

Tre fratelli Difatto e cioè Francesco, Carlo e Joe (alias Giacomo), hanno in New Orleans una zia, Lucia Baraona, maritata Mangiapane, attualmente convivente con i coniugi Romano.

In Cefalù essi hanno ancora vivente la madre Teresa Baraona, più Francesco e Carlo vi hanno lasciato moglie e figli; Joe un solo figlio. Salvatore Fiducia non tiene in America altri parenti che il signor Salvatore Imbraguglia, pure abitante a New Orleans, la cui madre è cugina ai Fiducia.

Nessuno dei cinque linciati si era mai fatto cittadino americano, sembra però che i due fratelli maggiori Difatto avessero preso la prima carta per richiedere la cittadinanza americana.

Infine i giornalisti del *Giornale di Sicilia* scoprirono due piste. La prima:

È dato per certo che uno dei fratelli Difatto aveva addosso un bottone di brillante ed un orologio d'oro; un altro fratello tre biglietti da cento dollari [*qui, probabilmente per un refuso tipografico seguono le parole* «6100 ciascuno»] e gli altri pure tenevano in tasca qualche poco di denaro e altri oggetti: tutto è sparito e non si sa in quali mani sia caduto, per quanto sia accertato che i ladri fossero tra quegli esecutori di... giustizia.

La seconda:

Vi è ora chi dice che l'aggressione fatale contro il dottor Hodges non era dipesa dall'uccisione di una capra, bensì da questioni di donne.

In più, segnalarono la loro versione degli ultimi istanti delle vittime:

Appena si videro tratti dalla prigione quei cinque disgraziati compresero la sorte che era stata loro riserbata: due dei fratelli chiesero grazia e dicesi abbiano confessato che essi erano di accordo con gli altri per uccidere il dottore. Questa «confessione» non fece che infuriare maggiormente la folla e allora i condannati, accortisi che era «vano pregare» si fecero coraggio e maledicendo la folla dissero che vi sarebbe stato chi avrebbe punito i «vilisismi cani» che stavano per assassinarli.

Riassumendo:

Le donne, il brillante e i fasci di dollari, il complotto per uccidere il dottore, i «vilissimi cani». Per il *Giornale di Sicilia*, che aveva dunque le proprie fonti di informazione, l'affare di Tallulah era effettivamente misterioso. E aveva, potremmo dire, un certo sapore di casa.

Per il resto, in una Cefalù in cui praticamente tutti avevano un parente nella «Luigiana», nessuna manifestazione di lutto o di protesta. Nessuna cerimonia funebre, nessuna richiesta di un seppellimento dignitoso. Non ci fu nessun assembramento sulla piazza davanti al Duomo che rendesse necessario l'intervento dei carabinieri, non ci fu nessun comizio, non ci fu nessun aiuto da parte delle autorità per sostenere le famiglie degli uccisi. Dei Defatta e dei loro cugini – definiti «coloni» – non si venne a sapere praticamente nulla e nessuno parve interessarsi alla loro storia; non avevano mai mandato a casa le loro fotografie in giacca, panciotto e orologio; non avevano scritto lettere, fatto sapere. Come se da anni si fossero persi in un altro spazio, su una lontana astronave.

Certo, i giornali italiani di allora erano censurati. Certo, i giornalisti siciliani sono abituati fin da piccoli a non dire parole che potrebbero essere male interpretate e a non essere troppo invasivi della privacy, però rileggendo quelle scarne cronache resta una vaga sensazione di malessere, quasi che ci fosse un silenzio imposto, come se ne sapessero di più e non dicessero. Sembra però di vedere donne vestite di nero sedute dentro le case, parenti che vengono a bisbigliare notizie apprese dall'America. E altre persone che si accingono a partire, che hanno già il biglietto della nave, a cui hanno promesso che no, quel fatto non è successo dove andranno loro, ma da tutt'altra parte, che non c'è pericolo.

I nostri cinque però ebbero la soddisfazione di comparire in una canzone, parole di Antonio Corso, ex sottufficiale della Guardia di Finanza, che ne fece stampare i versi alla tipografia Artale di Torino. Sotto il disegno di un grosso albero frondoso da cui penzolavano i corpi dei cefalutani, presi di mira dagli schioppi di strane persone vestite da cacciatori, il titolo:

I CINQUE POVERI ITALIANI
LINCIATI A TALULAH IN AMERICA

Alcuni versi:

O gioventù d'Italia
Abbruna la bandiera!
Chi di valor t'uguaglia
O gioventude fiera?
O martiri sepolti
Laggiù nella Luigiana,
purtroppo siete morti
ma chi la piaga sana?
O gioventù d'Italia
Abbruna la bandiera,
e della vil ciurmaglia
fanne vendetta nera,
E sotto il manto del tuo valor
Soccorri e vendica il nostro onor!

Ma i nostri cinque – anzi sei, non dimentichiamoci il sopravvissuto Joe Defina! – non divennero eroi. Piccole formichine della storia della fine del secolo, restarono piuttosto dei fantasmi esotici, dei simboli lontani, il cui destino scaldò pochi cuori. Eppure, loro e le loro capre, si erano trovati al centro di una particolare congiunzione astrale, fatta di geopolitica, schiavitù, grandi calcoli economici. Senza che neanche lo sapessero, divennero le cavie delle nuove teorie razziste che le università italiane avevano elaborato, aprendo la strada ai peggiori orrori del secolo che stava cominciando.

Ma l'Italia, benché giovane, sapeva già essere tronfia e burocratica. Esigiamo compensazioni! Duro monito al governo americano! Rispetto! I nostri funzionari erano al lavoro, perché il Re aveva a cuore i suoi cittadini.

Così, chi avesse aperto la *Gazzetta Ufficiale* del 28 luglio 1899, avrebbe potuto leggere un annuncio trionfante:

«Il dottor Hodge non è morto!».

Quasi fosse un merito della nostra diplomazia.

Capitolo cinque
Schiavi, generali, terra, zucchero e cotone

I Defatta partirono da Palermo su una nave a vapore, fecero tappa a Genova e poi di lì, in venti giorni, raggiunsero la grande Novorlenza. Erano parte di una massa che varcava l'oceano dalla Sicilia verso il Nuovo Mondo a causa di una bizzarra coincidenza storica. Illusi e poi delusi dal generale Garibaldi, che aveva loro promesso la terra, andavano in America perché là avevano bisogno di nuovi schiavi, perché un generale come Garibaldi aveva liberato quelli negri; servivano braccia per la «zuccarata», perché i negri non ci stavano più a stare sotto padrone, si ribellavano e non avevano voglia di lavorare e chiedevano troppi quattrini. I padroni americani erano venuti fino in Sicilia per tastargli i muscoli, a controllare che la razza era buona. Cercavano gente forte e ubbidiente, perché la fatica da fare era tanta. Il taglio della canna era considerato, da un secolo, il lavoro più faticoso del pianeta.

I giornali di New Orleans raccontavano questi arrivi come degli spettacoli e descrivevano gli uomini bassi, ma muscolosi, i più ricchi con berretti di pelo, pantaloni di lana stretti alle caviglie, scialli verdi, gialli e rossi e per tutti, orecchini: al lobo per i maschi, pendenti fino alle spalle per le donne, le quali erano «senza copricapo, con capelli spartiti in mezzo alla testa, dalle facce dure e poco invitanti».

Avvenuta senza fanfare e poco compresa, allora come oggi, quella siciliana verso la Louisiana e il Mississippi fu una deportazione di esseri umani concepita tra governi, allo scopo di realizzare uno dei più foschi progetti dell'era moderna.

La Sicilia aveva aumentato di un milione e mezzo i suoi abitanti dai tempi dell'Unità d'Italia. I siciliani erano troppi, circolavano strane idee, volevano la terra, si ribellavano. I padroni americani si trovavano alle prese con un problema analogo. La guerra aveva affrancato quattro milioni di schiavi che ora non volevano più lavorare sotto la frusta. Bisognava liberarsene, trovare nuovi schiavi. Gli americani chiamarono quel progetto «push and pull», spingi e tira. L'Italia li spingeva via, e niente era più convincente che ridurli in miseria e fargli sparare addosso dai carabinieri. La Louisiana e il Mississippi li attiravano, come unica speranza loro rimasta. I due contraenti concordavano che non si dovevano avere con loro troppi riguardi, perché era gente capace di stare sotto un padrone, ma infida.

Prefetti, militari, latifondisti scelsero i posti in cui operare con cura, paese per paese. E così svuotarono Contessa Entellina, Ustica, Bisacquino, Poggioreale, Corleone, Cefalù, Palazzo Adriano, Chiusa Sclafani, Trabia, Caccamo, Gibellina, Vallelunga Pratameno, Roccamena, Sambuca, Salaparuta, Alia. E altri li raccolsero a Palermo, a Termini Imerese, a Trapani, a Salemi.

Si calcola che dal 1880 al 1900 partirono per New Orleans in centomila siciliani. Zolfatari, ex garibaldini, piccoli contadini falliti perché troppo tassati, renitenti alla leva, ex detenuti, braccianti, scarpari, muratori, contadini d'esperienza, famiglie intere. Tutti cercavano terra, ma era una grande truffa. A quei tempi, però, era la terra a far girare il mondo; quello che poi diventarono le fabbriche e il petrolio, allora erano lo zucchero e il cotone.

Prendete lo zucchero, dal nome così gentile. Talmente parte della nostra vita e talmente redditizio che lo mettiamo anche nei serbatoi delle automobili, nelle merendine e nelle bevande gassate, anche se è noto che provoca obesità e diabete. Ma non ci interessiamo neanche troppo di sapere da dove viene, e chi lo produce. L'ultima volta che lo zucchero divenne «politicamente» importante fu negli anni Sessanta del Novecento, quando Fidel Castro a Cuba spingeva tutti, e soprattutto gli intellettuali, a prendere in mano un machete e a fare la «zafra» con lui per raggiungere la sognata cifra di dieci milioni di tonnellate; che non si raggiungevano mai. Era il retaggio della schiavitù sull'isola, che il socialismo non era riuscito a cancellare. L'isola era stata concepita per produrre zucchero, melassa e rum; altro non era stato previsto.

Nel 2014, a Brooklyn, insieme ad altre decine di migliaia di persone mi sono messo in coda per una istruttiva celebrazione dello zucchero. L'occasione era la definitiva chiusura, dopo 150 anni di attività, degli stabilimenti Domino's, la più grande raffineria di zucchero del mondo.

In attesa della demolizione, nei capannoni vuoti e grandi come cattedrali, era stata collocata una colossale «installazione a tempo». E così si poteva entrare in una grande caverna i cui muri ancora colavano zucchero e avvicinarsi, tra statue di bambini neri fatti di caramello che offrivano «candies» – come cent'anni fa avveniva nelle strade delle grandi città, con dolcetti a forma di bambino negro chiamati Sugar Babies –, a una candida Sfinge alta dieci metri e lunga venti, fatta di trenta tonnellate di zucchero bianco. Una donna africana nuda, dallo sguardo vuoto, doloroso ed eterno, vestita solo di un fazzoletto annodato sulla fronte, con una grande bocca, un grande seno e gli organi genitali ben esposti in mezzo a dei glutei a mezz'aria, e non poggiati in terra come la sua collega egiziana.

L'artista aveva messo all'ingresso un semplice cartello:

Al meglio della sua stagione creativa, Kara E. Walker ha confezionato una meravigliosa Sugar Baby, in omaggio ai lavoratori non pagati o sfruttati che hanno raffinato i nostri dolci gusti dalle piantagioni fino alle cucine del Nuovo Mondo; in occasione della demolizione dello stabilimento di raffinazione Domino's.

E, come lunghissimo era stato il periodo delle schiave e poi operaie dello zucchero, effimero è stato quello della Sugar Baby, distrutta a colpi di piccone per segnalare l'avvenuta fine di un mondo.

Le piantagioni di canna da zucchero erano state, a partire dalla metà del Settecento, l'essenza del mondo coloniale; ma lo divennero anche della nuova democrazia americana. Cuba, Haiti, la Martinica e la Guadalupa, la Louisiana e il Mississippi stentavano a produrre il fabbisogno di zucchero che improvvisamente aveva drogato l'Europa. Lo zucchero, che nel Settecento era considerato una stravaganza, ora era diventato essenziale come nutrimento e nella cucina di piatti fino allora sconosciuti. Dapprima capriccio dell'aristocrazia, lo zucchero era penetrato nelle abitudini della classe operaia inglese e poi tedesca e francese, insieme al tè, al liquore fermentato, ai dolci, alle marmellate, ai biscotti. L'Europa, nel giro di pochi decenni, aveva cambiato le proprie abitudini alimentari, si era «dolcificata». E tutto questo lo avevano reso possibile gli schiavi, come la Sfinge Sugar Baby.

Negli stessi tempi, il cotone invece aveva cambiato il paesaggio urbano. Le camicie, le divise militari, le lenzuola, le mutande, i fazzoletti, i pantaloni da fatica; tutte le immagini improvvisamente rimandavano a qualcosa di filato, cucito, cardato nelle grandi fabbriche su cui si era sviluppata la rivoluzione industriale.

Come per lo zucchero, anche per il cotone alla base c'era la schiavitù. Milioni di uomini, donne, bambini deportati dall'Africa verso le colonie erano il fondamento dello sviluppo industriale europeo. Per dirla con le parole di Karl Marx: «La schiavitù velata dei lavoratori salariati dell'Europa aveva bisogno, per il suo piedestallo, della schiavitù pura e semplice nel Nuovo Mondo».

La schiavitù, progressivamente abolita in Europa a partire dall'inizio dell'Ottocento, era il terribile scheletro nell'armadio degli Stati Uniti: metà del paese, la sua parte meridionale, prosperava grazie all'economia schiavista. Nel 1861, prima sette poi altri quattro stati del sud si riunirono in una Confederazione e dichiararono la loro volontà di staccarsi dall'Unione costitutiva degli Stati Uniti. La loro forza era notevole. La Confederazione possedeva molto territorio e le esportazioni di tabacco, cotone, zucchero, grano garantivano ad un'élite dominante un eccezionale potere economico e finanziario. Le grandi città del sud rivaleggiavano, in accumulo finanziario, con New York, Boston e Filadelfia; la foce del Mississippi, con il porto di New Orleans, era un punto obbligato per il commercio internazionale. Nel giro di cinquant'anni, le esigenze della produzione avevano fatto decuplicare la popolazione schiava, arrivata alla cifra di 4 milioni, e queste dimensioni di massa avevano creato un'ideologia. L'idea di poter usare degli esseri umani come «proprietà» si presentava nel mondo moderno come una opzione non solo possibile, ma legittima. La possibilità che questo modello si espandesse era nei fatti e nei propositi. Spedizioni militari per schiavizzare il Centro America e Cuba erano state avviate o ipotizzate. La rivoluzione industriale portata dal «cotton gin», la macchina che separava il seme dal fiore del cotone e permetteva di decuplicare la produzione, invece di creare fabbriche come in Europa, e con loro lavoratori salariati e città, in America aveva invece creato l'opposto: sempre più ingenti quantità di terra vennero messe a coltura e milioni di schiavi vennero importati dall'Africa.

Il motivo della secessione degli stati confederati era l'opposizione alla politica «abolizionista» (della schiavitù) del nuovo presidente, il repubblicano Abraham Lincoln. La spaventosa guerra civile che ne seguì (intorno ai 700.000 morti), finì con la sconfitta del sud, la distruzione (momentanea) della sua economia e con una legge costituzionale che aboliva la schiavitù ed emancipava quattro milioni di negri che vivevano negli stati del sud.

Immaginiamo adesso di essere catapultati in una sorta di videogioco, ambientato in quegli anni in luoghi che più diversi non potrebbero essere: da una parte le pianure selvagge del Nuovo Mondo, gli orsi, gli indiani, la natura che diventa oro; dall'altra l'antico Mediterraneo, con i suoi templi, le cattedrali, i signori.

1864. Sud degli Stati Uniti d'America. Il generale Sherman, dopo la conquista di Vicksburg che ha spezzato in due la Confederazione e ha messo il grande fiume sotto il controllo del nord, comincia la sua metodica e feroce marcia «verso il mare». Brucia, incendia, distrugge sistematicamente tutte le possibili fonti di resistenza economica del nemico. Distrugge i depositi di grano, incendia piantagioni, bombarda città. Il suo esercito è seguito da una moltitudine di schiavi liberati, fuggiti dalle piantagioni in fiamme. A loro, con un formale editto, Sherman fa la formale promessa che a loro sarà data la terra: «40 acri e un mulo» per ogni famiglia di schiavi liberati, frutto della confisca, che il governo si accinge ad effettuare, di un milione di ettari dai loro proprietari. È una forma di compensazione, ma è anche un'immagine del futuro assetto politico degli stati del sud.

Ma il videogioco della storia ci avverte che questa resterà una promessa, una leggenda, un mito. Se lo stato avesse confiscato la terra e l'avesse distribuita agli schiavi liberati, gli Stati Uniti sarebbero diventati gli Stati Uniti Socialisti d'America, e questo non era nei loro piani.

In realtà il sud sarà governato per vent'anni da un misto di occupazione civile e militare designata da Washington, ma la proprietà della terra non sarà messa in discussione. Gli schiavi liberati avranno, alcuni, dei miseri salari come mezzadri o affittuari, ma non avranno né i 40 acri, né il mulo, né le sementi, né le scuole, né il voto alle elezioni. Sono troppi. Sono ignoranti. Sono selvaggi. È assolutamente assurdo pensare di permettere loro di votare. Perché vincerebbero loro. E questo non è nelle regole del gioco.

1861. Garibaldi ha vinto la sua battaglia in Sicilia, promettendo ai contadini la fine della schiavitù. Ha promesso che le grandi proprietà di terra in mano alla Chiesa e ai grandi latifondisti saranno redistribuite alle autorità civili. Ma fin da subito si capisce che questo non avverrà. Nel paese di Bronte, alle falde dell'Etna, dove tutte le terre sono state regalate dal re Borbone al famoso ammiraglio inglese Orazio Nelson (per ringraziarlo del suo ruolo nello schiacciare la repubblica partenopea del 1799), scoppia inaspettata una feroce rivolta dei contadini contro gli sgherri della «ducea». È il primo atto di guerra dopo l'Unità d'Italia, e Garibaldi ne ordina la repressione. Il suo numero due, il generale Nino Bixio, inviato a impartire la lezione ai rivoltosi, ordina la fucilazione dei capi della rivolta, cui assiste in sella al suo cavallo – dicono le cronache – «con gli occhi vitrei».

Ma rivolte scoppiano anche in altre campagne, come Alcara Li Fusi (è quella narrata da Consolo nel *Sorriso dell'ignoto marinaio*), e infine a Palermo, nel 1866, dove la città si solleva per sette giorni e dove il regio esercito spara all'impazzata, senza neanche capire a cosa sta sparando. Si cominciano a diffondere i terribili racconti della ferocia dei siciliani, della loro animalità selvaggia.

E dire che era lo stesso popolo che aveva inventato l'irrigazione, che sapeva far crescere i limoni, gli aranci e gli ulivi, che riforniva Roma di grano, che sapeva come far circolare l'aria tra le mura spesse dei palazzi per mantenerli freschi durante il grande caldo dell'estate. Che produceva la più grande quantità di limoni del pianeta, li sapeva conservare, li avvolgeva uno a uno in splendide carte con disegni che ricordavano le bellezze del mondo, li faceva maturare sulle navi che gli stessi produttori siciliani avevano comprato con i loro risparmi e li forniva freschi sul porto di New Orleans o in quello di New York. In quegli anni la Sicilia era quello che ancora adesso si sogna: era la California e la Florida, quando queste non erano ancora niente. E fu un vero peccato che un governo razzista e una classe di padroni depravata dalla ricchezza mandasse tutto a rotoli.

In America, oggi, le tracce della storia passata in quella parte del mondo – le tracce delle piantagioni, della schiavitù – si fa fatica a trovarle. Nella Louisiana e nel Mississippi, che furono il teatro dello scontro, è il vuoto della pianura a dominare la scena. C'è un grande cielo e sotto il granturco, la soia, ancora molto cotone, ma gli uomini e le donne di allora se ne sono andati, da tre generazioni, verso Chicago, il Kansas, la California. La semina e il raccolto sono fatti da macchine grandi come case, gli aerei spargono fertilizzanti e pesticidi come tanti turiboli con l'incenso in chiese deserte, un pugno di enormi aziende fornisce le sementi e raccoglie i prodotti che diventano additivi della benzina per le automobili. E naturalmente, la natura presenta il conto con alluvioni, siccità, erosione, restituzione nel corpo umano dei veleni sparsi dall'industria alimentare e da quella chimica.

Nel 2014 il professor David Brion Davis, all'età di novant'anni, ha dato alle stampe l'ultimo suo libro sulla schiavitù, il tema che l'ha accompagnato per tutta la vita e ne ha fatto il suo più importante studioso. È un libro scarno, essenziale. Il professore racconta che l'impulso a capire gli venne quando, ragazzo nel 1945, fu arruolato in previsione di un attacco di truppe americane in Giappone (un evento che non si rese necessario perché la bomba atomica convinse i giapponesi alla resa). Era imbarcato su una grossa nave da guerra e il suo capo gli mise in mano uno sfollagente: «Scendi sotto e mena quelli che stanno giocando a soldi». David scese – era la prima volta che scendeva – e vide una stiva ribollente di uomini neri, marinai. Uno gli fece: «Ehi! Che ci fai qui, ragazzino biondo?». David ricorda che vide improvvisamente davanti a sé l'immagine di una stiva di una nave dell'Ottocento che portava schiavi nel Nuovo Mondo. La razza inferiore; nel 1945 l'America ancora faceva questo. Negli stessi anni in cui Hitler aveva messo in pratica la schiavitù, con le teorie razziali, i campi di concentramento e quelli di sterminio. Negli stessi anni in cui Stalin aveva introdotto il lavoro forzato per milioni di oppositori politici. A distanza di duecento anni, l'idea di schiavitù nel mondo non sembrava affatto essere stata sconfitta.

Il professor Brion Davis nel suo ultimo libro distilla alcune verità tremende. Gli uomini, in particolare i bianchi americani dell'Ottocento, erano razionalmente convinti che fosse un loro diritto tenere in schiavitù i negri, considerarli una loro proprietà, un bene mobile, perché la storia dimostrava che gli africani non erano dei veri e propri esseri umani, ma una specie di razza animale, che l'uomo evoluto aveva il compito di addomesticare, come era successo con gli altri animali domestici. Trovavano conforto nella Bibbia, che ammetteva la schiavitù; in Aristotele, che la considerava un fatto naturale; nella scienza, che, fin dai tempi antichi, continuamente portava argomenti in favore di una differenza tra gli esseri umani. Avevano imparato a classificarli e a valutarli dalle ossa, dalle labbra, dalla dentatura; ne conoscevano le pulsioni sessuali e la resistenza al dolore.

Ma questa era la superficie. Sotto, era la paura collettiva a dominare le loro vite. I padri imponevano ai figli di «vedere» la punizione dello schiavo, e sapevano che in quell'educazione stava la loro maledizione. Vivevano nel terrore di una rivolta, come quella che era successa ad Haiti, dove l'esercito degli schiavi aveva addirittura sconfitto cinquantamila soldati di esperienza, mandati da Napoleone Bonaparte. Il paesaggio delle campagne immense era dominato dai loro incubi. Avevano messo ovunque campane, che avrebbero dovuto dare l'allarme, che sarebbe arrivato da messaggi trasmessi attraverso i tamburi. Fu questo intimo senso di colpa e la vaga sensazione che sarebbe arrivato il giorno della punizione a condurre il mondo dei bianchi alle peggiori aberrazioni, e infine alla distruzione.

Alla fine della guerra civile, nella terra desolata del grande delta del Mississippi, gli uomini vagavano in un mondo distrutto. Gli schiavi erano liberi. Ma poveri, esausti, senza più padrone o casa, semplicemente morivano di malaria, febbre gialla, vaiolo, dissenteria, colera. Abraham Lincoln, la loro bandiera, era stato assassinato. Il nuovo potere nordista non si dimostrava né particolarmente forte, né moralmente superiore al regime preesistente. La terra, come prima della guerra, si impose come l'unica vittoriosa.

La terra era rappresentata dalla Louisiana Association of Sugar Planters, circa 500 proprietari delle piantagioni intorno al grande fiume.

Sono i signori del sud, inglesi, olandesi, tedeschi, francesi. Dalle loro fila nascono gli uomini politici, i governatori, i grandi elettori dei presidenti. L'idea di cedere le terre non li sfiora nemmeno, l'idea di dividerle con i loro ex schiavi neppure. In mezzo a fallimenti bancari, crollo dei prezzi, scioperi e abbandono del lavoro, i «planters» coltivano la più radicale e malsana delle idee. Sostituire gli ex schiavi ormai irredimibili con una nuova forza lavoro, che costi poco, che sia docile, che non abbia pretese. Sanno che il rapporto non potrà più essere di proprietà assoluta, ma accettano l'idea che ci sia una forma di salario, un concetto che prima di allora non avevano preso in considerazione. Ma, nella loro idea, è un salario più fittizio che reale. E soprattutto è inferiore a quello che i negri possono spuntare.

La Planters Association della Louisiana provò dapprima la carta cinese, ma la scartò: i cinesi erano troppo deboli per il lavoro agricolo. Avevano molti difetti: non capivano gli ordini, non imparavano la lingua, erano refrattari alla disciplina. E soprattutto: morivano troppo spesso. Erano stati sperimentati nelle piantagioni a Cuba, ma si era purtroppo constatato che molti di loro, nei picchi del lavoro, preferivano il suicidio. Fu così che la scelta cadde sui siciliani. La Planters Association fece approvare allo stato della Louisiana una legge che facilitava l'immigrazione di manodopera siciliana e firmò accordi diretti con gli ambasciatori italiani per favorire l'afflusso di contadini. Il lavoro degli emigrati siciliani sarebbe stato condotto sotto l'egida e la protezione del Re d'Italia. Nello stesso tempo, la Planters aveva fatto approvare leggi che impedivano il «vagabondaggio». Questo significava che se un negro (o un siciliano) veniva sorpreso fuori dalla piantagione, poteva essere arrestato. E significava anche che le piantagioni erano campi circondati da guardie armate.

L'esempio dei planters della Louisiana venne seguito dai proprietari terrieri del Mississippi, che avevano bisogno di far funzionare centomila ettari di terra a cotone, zucchero, grano e riso. Anche loro si rivolsero al neonato Regno d'Italia che sembrava molto voglioso di disfarsi del suo popolo. Una serie di accordi coinvolse Chiesa, proprietari e garanti italiani. Tra questi Emanuele Ruspoli, principe di Poggio Suasa, sindaco di Roma. In un accordo-contratto, che si scoprirà presto del tutto truffaldino, una società americana, proprietaria di 10.000 acri tra il Mississippi, la Louisiana e l'Arkansas, tutti coltivati a cotone, metteva in vendita lotti di 12,5 acri che avrebbero potuto essere comprati per duemila dollari in ventidue anni di lavoro. Partirono in migliaia.

Così, per i paesi siciliani presero a circolare strani personaggi. Due, per esempio, erano Mr. Morrison e Mr. Falco; vestiti con un lino bianco e un cappello di vimini intrecciato. Si facevano vedere con il sindaco, andavano a messa e si inginocchiavano in chiesa, circolavano in paese e stringevano le mani sulla piazza. Mr.

Morrison era il rappresentante della Louisiana Planters Association, e non parlava la lingua; Mr. Falco era il suo assistente, un palermitano che viveva da tempo laggiù ed era pronto a rispondere a tutte le domande. Poi, dopo un po' che giravano e si facevano conoscere, c'era l'assemblea, qualche volta addirittura in chiesa. Mr. Falco spiegava i termini dell'accordo. L'associazione pagava il viaggio e 20 dollari al mese, bisognava restare almeno sei mesi comprendenti il periodo del taglio della canna, da ottobre a dicembre – la «zuccarata». Si poteva portare la famiglia, ma anche questa doveva lavorare. Si poteva coltivare un orto per le proprie esigenze, ma non di più. Dopo almeno sei mesi si poteva chiedere di tornare, e l'associazione avrebbe pagato il viaggio.

A quel punto, dopo che Mr. Morrison aveva detto che il clima era buono, c'erano tanti paesani, e c'era la chiesa cattolica come in Sicilia, Mr. Falco leggeva una lettera dell'ambasciatore del Regno d'Italia a Washington, il barone Francesco Fava, che consigliava caldamente ai connazionali siciliani di accettare le offerte della piantagione. La Louisiana, diceva l'ambasciatore, era il posto adatto per dei contadini che conoscevano la terra, per guadagnare e mandare soldi a casa. Non solo, ma lavorando duro si potevano mettere insieme i denari per comprare la terra e coltivarla. Molto meglio dei lavori in miniera che offrivano altri stati americani, o della grande New York dove si sarebbe lavorato sottoterra a costruire la metropolitana e si viveva ammassati in case fredde, buie e umide. Inoltre, garantiva l'ambasciatore, che quindi parlava a nome del Re, ispettori italiani sarebbero stati presenti nella piantagione, pronti a soddisfare ogni richiesta o lamentela dei lavoratori italiani.

Partivano, oh se partivano! Tutti i rovinati dal neonato Regno d'Italia, dalle guerre coloniali, dalla leva di sette anni, dalle tasse. Sulla nave venivano istruiti a cosa rispondere all'arrivo. Sei anarchico? No. Sei poligamo?, ovvero sei sposato con tante femmine? No. Hai malattie? No. Qualcuno ti ha offerto lavoro qui? No. (Soprattutto a questa domanda bisognava dire no, perché la legge ufficialmente vietava l'immigrazione su chiamata). A quel punto scendevano dalla nave di Novorlenza, avevano una fascia bianca e rossa al braccio per essere riconosciuti e altri siciliani si prendevano cura di loro e li portavano nella piantagione. Lì trovavano due cose, insieme. Un lavoro di terribile fatica e una catena di persone a cavallo che controllavano che lavorassi e che non scappassi via. Come i soprastanti al paese, qui si chiamavano overseer, ed erano siciliani. E quanti ce n'erano! Tutto il sistema era chiamato, alla siciliana, il «padrone system». I *nivuri*, i *milanciana*, ovvero i negri, lavoravano, mangiavano e dormivano in capannoni separati. Scoprivano che i giorni di pioggia non erano contati nella paga («Rain, no work, no pay»), che una parte della paga era data in pezzi di latta su cui era scritto «valido per un pezzo di carne», «valido per un piatto di polenta», che veniva data negli spacci della piantagione. Alla zuccarata erano molti quelli che svenivano. Al travaso della melassa, nelle vasche per bollire, raffreddare, e fare formare il brown sugar, era facile rimanere bruciati dal fuoco o dagli spruzzi di succo bollente. Le giornate erano lunghissime. I nivuri cantavano le loro nenie, i siciliani anche. Uno dei loro lamenti faceva così:

> Madonna, quant'è àutu stu suli!
> Pi carità facìtilu cuddàri!
> Non lu facìti, no, pi lu patrùni,
> ma pi sti puvureddi iurnatàri
> ca, sìdici uri a facciabbuccùni,
> li rini si li màncianu li cani...
> Iddu si vivi 'u vinu all'ammucciùni
> e nui vivemu l'acqua di vaddùni
> unni mèttinu a moddu li liàmi!*

Non c'era speranza di comprare terra, non c'era neanche molto da mandare a casa, L'unica possibilità era di riuscire a fuggire, verso Nuov'Orlenza dove c'era travaglio nella frutta, sulle navi, al porto, al mercato.

La città dei dagos. Mezzi bianchi, mezzi negri, la nuova razza inferiore. Cattiva, pericolosa. Ma se tenuti a bada, buoni a lavorare la terra.

---

* Madonna, quant'è alto questo sole! / Per carità, fatelo tramontare! / Oh, non lo fate, no, per il padrone, / ma per questi infelici giornalieri / che, sedici ore di stare a bocconi, / senton le reni azzannate dai cani... / Lui il vino se lo beve di nascosto / e noi beviamo l'acqua del torrente / dove ammolliscono vinchi per legare!

Capitolo sei
Nel cranio dei dagos

I tre Defatta, Fiduccia e Cirami si ritrovarono con una corda al collo in un piccolo paese della Louisiana, perché i loro assassini – loro si sarebbero detti giustizieri – li avevano individuati come pericolosi esponenti di una razza inferiore. Negroidi, con tutto ciò che comportava questa classificazione: emotivamente primitivi, feroci, riottosi, incapaci di adattarsi al vivere civile. Simili alle bestie; infatti avevano reagito all'uccisione di una capra, come avrebbe fatto un branco di animali. Compito dei bianchi, che nel paese di Tallulah si definivano «appartenenti alla razza caucasica», era di impedire che quella razza inferiore si insediasse nel loro territorio, e facesse alleanza con i negri; e per questo era stato giusto ucciderli. Una forma di profilassi.

Dopo averli uccisi, sicuramente andarono a guardarli da vicino, come si fa con gli animali morti. Sicuramente avranno notato meglio quelle labbra grosse, i capelli ricci, la pelle olivastra, così diversa dalla loro, che erano indici della loro natura e della loro origine, una delle tanti regioni dell'Africa. Strano: non ci avevano fatto troppo caso quando andavano da loro a comprare i bei limoni avvolti in quella carta frusciante con disegni strani, o un melone, o un panino con il peperone, o un fiasco di liquore. Come avevano potuto non accorgersene! Che rischio avevano corso!

I giornali dettero immediatamente spazio all'indignazione, perché quei cinque erano sudditi del Re d'Italia, andati a lavorare a diecimila chilometri di distanza; e i barbari americani, uccidendoli, non avevano portato rispetto al nostro Re.

Ma se, invece che in un pezzo di terra vicino al fiume Mississippi, i cinque fossero morti in Sicilia – in una rivolta di paese, in una controversia per la terra, per un rifiuto di aderire all'ordine dell'esercito in una qualsiasi piazza o sulle scalinate di una qualunque Matrice – il giudizio su di loro non sarebbe stato dissimile da quello dei loro colleghi americani. Casomai, i fratelli Defatta avrebbero dovuto essere contenti: se fossero stati uccisi a casa propria, nessuno li avrebbe neanche nominati. Al massimo, se fossero stati fortunati, sarebbero passati alla storia perché medici e scienziati, antropologi ed economisti, militari, religiosi e magistrati si erano interessati a capire le cause biologiche della loro inferiorità.

Era infatti in voga, allora, nella neonata Italia, una nuova scienza che studiava le ragioni del malessere sociale e per farlo misurava i crani, la distribuzione del pelo, la distanza degli occhi, l'attaccatura dei lobi delle orecchie, lo spessore delle sopracciglia, il turgore delle labbra, il colore dell'epidermide.

Essendo i poveri a fornire materia per le statistiche criminali, la scienza di allora si concentrò su di loro e fece rapidamente una serie di equazioni. Il povero è criminale, il povero criminale è siciliano, i siciliani sono criminali, la razza siciliana è criminale. Non si era mai parlato, prima del Regno d'Italia, di una «razza siciliana». Ora se ne parlava moltissimo.

A diffondere le notizie furono gli uomini del nord arrivati nell'isola, prima con Garibaldi e poi con l'esercito piemontese. I garibaldini per primi, che avevano lodato la generosità e il coraggio dei picciotti siciliani, erano rimasti turbati dalla violenza dei moti popolari per la terra. A sentire Giuseppe Cesare Abba, il più popolare tra gli scrittori del risorgimento, che era presente a Bronte durante la rivolta contro la ducea degli inglesi e poi testimone della repressione di Nino Bixio, i rivoltosi «si erano messi fuori dal consorzio dell'umanità». Considerati più o meno come schiavi da liberare («non siamo insensibili al grido di dolore», aveva detto Re Vittorio Emanuele; «non dovrete più baciare la mano a Vossia», aveva detto Garibaldi), ora i senzaterra avevano morsicato la mano di chi li aveva aiutati. In tutto il meridione, il nuovo Regno incontrava resistenze, rifiuto della leva, i tentativi di rivalsa degli sconfitti borbonici, ma fu sicuramente la rivolta di Palermo a segnare il cambiamento nella percezione piemontese dei siciliani.

Scoppiò nel settembre del 1866, a seguito dell'imposizione del monopolio tabacchi, di nuove e più pesanti imposizioni alla leva militare e restrizioni dei festeggiamenti di Santa Rosalia. L'Italia era appena uscita da una umiliante sconfitta militare e tornavano nell'isola, raccontando il terrore della scampata morte, i reduci della battaglia di Lissa, centinaia di marinai rimandati a casa.

(Ci sarà stato anche il nostro Giuseppe Defina, tra i rivoltosi? Chissà. Certo, Lissa aveva colpito duro da quelle parti. La sola Lipari contava 18 marinai morti).

Per sette giorni, Palermo fu circondata e messa alla fame, compagnie di carabinieri vennero assalite e massacrate, davanti al porto venne mandata la flotta militare che cannoneggiò la città, comandata proprio da quell'ammiraglio Persano, lo sconfitto di Lissa. Alla fine, il generale Raffaele Cadorna ottenne la vittoria. In un solo giorno a Palermo ci furono 2.000 morti e vennero fatti 3.600 prigionieri. Per giustificare la brutalità della repressione (la rivolta, da sola, fece apparire tutta l'epopea garibaldina come un innocuo aperitivo prima di un massacro) Cadorna diffuse storie raccapriccianti e totalmente false. Esecuzioni di piemontesi, la crocifissione di un soldato, la vendita, nelle strade di Palermo, di carne umana, e per la precisione di un carabiniere, la cannibalizzazione di un poliziotto ad opera di una muta di donne siciliane.

Quegli avvenimenti, uniti alla percezione di altri attacchi militari, portarono l'isola – e molte altre parti del sud appena unito al Regno dei Savoia – in uno stato di occupazione militare a tratti più lasca, a tratti più stretta – che durò per una trentina d'anni. La repressione, l'incarcerazione di massa, l'occupazione militare del territorio vennero considerate l'unica forma possibile di vittoria su un popolo selvaggio e incivile. Siccome la ferocia si dimostrava precipuamente contro la proprietà – le terre, le case e le vite dei signori –, alla repressione si accompagnò la formazione di una nuova classe indigena, destinata a garantire l'ordine nelle campagne, e fu questo impasto che formò la borghesia locale. All'analisi delle cause di quella ribellione endemica non diede risposta né la politica né la sociologia, ma una nuova scienza, l'antropologia criminale italiana, destinata ad avere grande udienza, in patria, ma soprattutto in America.

Questa nuova scienza – cresciuta nell'alveo del positivismo – cercava di definire le ragioni scientifiche della criminalità, e non le trovò, come ci si sarebbe potuti aspettare, nell'ambiente, nella miseria, nell'ignoranza, quanto piuttosto nel «corpo» del criminale. Secondo Cesare Lombroso, che di questa nuova scienza diventò la star internazionalmente acclamata, «il corpo del criminale mostrava i segni di un'anomalia, in parte patologica, in parte atavistica, che lo rendevano simile al selvaggio primitivo». Lombroso era un giovane medico ebreo di Verona, patriota, socialista, autore di importanti scoperte sulla genesi della pellagra, già ufficiale nella lotta contro il brigantaggio in Calabria e professore universitario di medicina legale a Torino. La sua «intuizione» ebbe un colpo di fortuna, quando gli capitò tra le mani il cranio di un tale Giuseppe Villella, un vecchio detenuto morto nel carcere di Pavia che, secondo le scarne indicazioni biografiche fornite dall'istituto di pena, era stato un importante brigante a Motta Santa Lucia in Calabria. Si può immaginare lo stato di esaltazione di Lombroso quando esaminò la superficie interna del suo reperto, tastandone con le dita la zona occipitale. Qui, dove il cranio della razza umana presenta una sottile cresta, che anatomicamente divide i due lobi di cui è composto il cervelletto, il Villella presentava invece una fossetta, come se quella parte del cranio avesse ospitato un terzo lobo del cervelletto. Una configurazione propria di stadi precedenti dell'evoluzione animale, per esempio visibile nel cranio dei lemuri della Tanzania. Villella, un criminale, portava con sé le stigmate di un'evoluzione primitiva, arcaica, interrotta.

Se adesso tutto ciò vi può sembrare una cattiva barzelletta, considerate che nel 1876 il cranio di Villella fu lo scoop che diede a Lombroso la notorietà internazionale. La sua scuola venne finanziata e fornita di laboratori, schiere di medici abbracciarono la sua teoria. La criminalità che il neonato Regno d'Italia si trovava di fronte aveva una spiegazione, che divenne una scienza ufficiale, così come venne definito incontestabile l'anelito dei veneti ad essere italiani. Il sovrano stava scegliendosi il suo popolo.

Le teorie della scienza criminale si applicarono subito alla definizione della «questione meridionale»; Lombroso spiegò di aver incontrato le stesse caratteristiche di atavismo in intere popolazioni della Calabria, parlò, per il Meridione, di una «civiltà inferiore», marcata da una «criminalità del sangue». Lombroso poi si accinse a una classificazione delle razze e mise i meridionali italiani nella razza bianca, biologicamente ed eticamente superiore a quella negra. Aggiunse però che la transizione dal nero al bianco era vaga. Descrivendo egizi, berberi, abissini e somali, Lombroso notò che la «trasformazione della razza nera in bianca» era passata «attraverso le razze semitiche e camitiche», che erano «bianche o quasi bianche», anche queste riscontrate nel Sud Italia.

Se Lombroso era stato un po' vago, Giuseppe Sergi (messinese, combattente con Garibaldi), professore di anatomia comparata e linguaggi indoeuropei, fu più specifico. A lui si deve una complicata teoria della differenziazione razziale basata sulla forma del cranio. Spiegava il Sergi che in una serie di colorazioni e decolorazioni, l'uomo avrebbe dato origine alla razza eurafricana, attaccata poi, dall'Asia, da quella ariana (celti, germani e slavi). Gli ariani, veri selvaggi, distrussero quel modello di civilizzazione superiore rappresentato dalle culture greche e latine. Ma poi Sergi cambiò idea e spiegò che la razza mediterranea era degenerata in un arresto di sviluppo sociale, che nel Mezzogiorno aveva dato origine a camorra e mafia. A mettere d'accordo ariani e mediterranei, ci pensò un terzo luminare, il professor Alfredo Niceforo di Castiglione in Sicilia, anche lui socialista, che tracciò confini sprezzanti tra Nord e Sud Italia. Il sud, disse, è formato da una «razza violenta, brutale, individualistica, la mafia siciliana essendo una sopravvivenza atavica dello spirito feudale arabo, contrapposto a quello dei cavalieri del nord».

L'Italia, concluse Niceforo, non è stata affatto unificata e il Mezzogiorno, in particolare la Sicilia, è abitato da «una razza maledetta». Appassionato di politica, Niceforo faceva sentire le sue analisi in parlamento, attraverso la voce del deputato socialista Enrico Ferri; questi, che si professava marxista e darwiniano, aveva fama di grande oratore. L'inferiorità razziale dei meridionali era il suo pezzo forte.

Queste posizioni, di fatto, dominavano tutta la scena politica italiana e accompagnarono la grande emigrazione dei siciliani verso le Americhe. C'era da andare a cercare fortuna altrove, visto che a casa godevano di così cattiva reputazione. Ce ne fu uno solo, che va ricordato. Era una nobile figura di medico e deputato, il siciliano Napoleone Colajanni, che – quasi sempre in assoluta solitudine – condannò le teorie dei suoi colleghi, mise in luce la nequizia del latifondo, lo scandalo del lavoro minorile, l'economia di rapina operata dal governo centrale. Ma l'idea della «razza maledetta» risultò essere molto più popolare.

Che farne, di quella razza? Venderla agli americani sembrò essere una buona idea.

Era un mondo in grande movimento, quello di allora. La «razza inferiore» siciliana era sospinta sui bastimenti e viaggiava insieme ad arance e limoni. All'inizio del grande commercio, furono solo tonnellate di limoni, insieme a qualche contadino. Con gli anni, sempre meno limoni e sempre più emigranti. Prima le navi erano cariche di zolfo – la Sicilia ne era la più grande produttrice mondiale, una fortuna che le derivava dal lavoro dei bambini schiavi nelle miniere –; ora che le zolfare erano diventate improduttive, le navi partivano con carusi già abituati alla sofferenza e tornavano dall'America cariche di zolfo americano. L'Italia non vendeva più limoni e zolfo, ma cercava almeno di trarre profitto dalla sua razza maledetta e, finalmente, di liberarsene.

C'era allora un grande traffico sulle navi che partivano dalla Sicilia verso il Nuovo Mondo. E nelle stive si passavano le notizie. Quello che ora, dopo cent'anni, si legge nei libri di storia, gli emigranti lo avevano appreso subito.

Nelle immense piantagioni, per la prima volta c'era stato uno sciopero. Nell'anno 1887, i negri avevano fatto marcire la canna in quattro parrocchie della Louisiana, una cosa mai vista prima. Avevano formato un sindacato, chiamato i Cavalieri del Lavoro, e volevano la paga di 1,25 dollari al giorno, da versare ogni 15 giorni e non ogni mese, otto ore di lavoro e scuole – non fatica – per i bambini. Stavano tutti fermi, i padroni andarono dal governatore nel suo palazzo e sapevano che gli avrebbe dato una mano, perché anche lui era un grande padrone di piantagioni, il signor Mac Enery. E lui mandò i soldati, dicendo che i negri dovevano stare sotto, perché: «È stato Dio onnipotente che ha diviso i bianchi dai neri». Avevano preso tutti gli scioperanti e li avevano messi in un paese che si chiama Thibodaux, vicino a New Orleans, e poi gli avevano sparato addosso. Nessuno ha mai saputo quanti morti ci siano stati, perché i fuggitivi erano scappati nei boschi e non erano più tornati. Ma, dicono, tanti.

Si diceva, nelle stive, che si va a prendere il posto dei *nivuri*. Che da quando l'esercito degli yankees è andato via, i negri non li protegge più nessuno e se non lavorano o se toccano un bianco, li impiccano agli alberi, che li vedano tutti. Che toccava a noi siciliani sostituire i negri, che la piantagione era una caserma e che quando impiccano un negro e poi lo bruciano, mandano una squadra di nostri paesani a prendere le ceneri e a seppellirlo. Ma si poteva anche scappare e a Novorlenza c'erano anche tanti paesani che avevano fatto fortuna con le navi e la frutta.

Si diceva che c'era un posto dove coltivavano le fragole, e i siciliani avevano fatto a gomitate ed erano riusciti ad andare lì a comprare la terra e adesso ogni giorno è domenica e le strade hanno il pavimento d'oro. Era nella parrocchia di Tangipahoa, e la capitale si chiamava «Indipendenza», all'italiana.

Si diceva che l'esercito italiano era andato in Africa per prendersi la terra, ma in un posto chiamato Adua, il capo dei negri Menelik aveva massacrato gli italiani con le baionette, tremila morti, mentre il generale se ne stava sotto la sua tenda. E fessi i siciliani che non sono scappati e li hanno ammazzati tutti. Avevano fatto le batterie nel deserto e l'ufficiale diceva: «Batteria siciliana, al pezzo!», e loro «Presente!», e poi venivano tutti ammazzati.

Si diceva che in Sicilia, proprio come i negri americani, avevano fatto un sindacato, che si chiamava i Fasci siciliani. E marciavano tutti – le donne in testa! – nei paesi a chiedere la terra sfitta, le sementi, a dire che i carusi non devono più lavorare nelle zolfare. E portavano i ritratti di Gesù Cristo, del Re e di Peppino Garibaldi. Ma l'esercito gli sparava addosso lo stesso, non c'era verso. A Lercara Friddi, a Caltavuturo, a Gibellina, a Pietraperzia, a Belmonte Mezzagno, a Marineo.

Bell'affare ha fatto la Sicilia ad avere come capo del governo Francesco Crispi, un paesano contro i suoi paesani. Crispi aveva mandato un generale piemontese con 40.000 soldati. Fucilavano anche le donne davanti al muro delle chiese. Chiusero tutte le gazzette perché non si sapesse niente. Dissero che i fasci erano un complotto internazionale degli anarchici e dei Borboni. Circondavano i paesi nella notte e portavano via tutti i maschi, riempirono le isole di carcerati. E quando hanno preso tutti i capi e li hanno portati a processo a Palermo, le principesse venivano a guardarli per vedere se davvero erano animali.

Le navi partivano e tornavano e i discorsi saranno stati più o meno questi; altrimenti, secondo voi, tutta quella gente, di che cosa parlava?

Ma la storia sa essere cattiva e sarcastica.

L'idea che sulle stesse navi nelle stive marcissero i nuovi negri e sul ponte dissertassero gli assistenti dei dottori Lombroso, Sergi, Niceforo chiamati a tenere conferenze in America, appassionata di storia e di scienza.

Il fatto che le navi erano più sicure allora attraverso l'Atlantico di quanto non lo sono adesso quelle che attraversano il canale di Sicilia.

La considerazione che Lombroso, se fosse vissuto appena quindici anni di più, in quanto ebreo avrebbe fatto in tempo ad essere deportato dagli ariani e finire ad Auschwitz.

La facilità con cui gli italiani si proclamarono via via Troiani, Greci e poi Romani, Pagani, Cristiani, Mediterranei, e poi Venga Franza Venga Spagna, e poi Imperiali, e poi di nuovo, di recente, Celti e Mafiosi...

Tutto questo rende la tragica vicenda dei nostri cinque sfortunati cefalutani quasi casuale e insignificante.

Capitolo sette
Nascita di una razza

Quando arrivarono in America, più di sei anni prima di essere impiccati, Joe, Frank e Sy, si chiamavano ancora Peppino, Ciccio e Saro.

Avevano attraversato l'Oceano Atlantico e si erano portati dietro Matteo, il figlio del cognato Giuseppe Defina, che aveva appena 15 anni. Non che loro, di anni ne avessero poi tanti di più, ma certo si sentivano ormai uomini. Sia Peppino che Ciccio erano sposati; Peppino era padre di un bambino già di tre anni, Nicolò.

Arrivarono al porto di New Orleans la mattina del 7 novembre del 1892. Dopo venti giorni di grandi onde grigie, su una grande nave a vapore. Avevano fatto la stessa rotta di Cristoforo Colombo, salvo l'ultimo tratto, nel golfo del Messico. Erano quasi mille sulla nave, tutti siciliani; oltre ai braccianti, c'erano militari, impiegati, commercianti, scrivani, truffaldi; era una delle tante navi con cui la Sicilia se ne andava via dall'Italia. Il più di loro non portava niente oltre i vestiti che aveva indosso, un solo paio di scarpe, una grossa coperta annodata e una valigia. Per forza che puzzavano quando arrivarono: avevano addosso la stessa roba della partenza, condensata nel sudore, nel freddo e nel vomito dell'Atlantico.

Ora la nave era ferma, il capitano era sceso e aveva consegnato le carte, la polizia era salita a bordo. I passeggeri aspettavano di scendere e sulla banchina c'era un sacco di gente che aspettava loro. Stettero per ore a guardarsi, e i nostri cefalutani non capivano. Gridavano, sembrava che insultassero. Si capiva che non era una bella accoglienza.

Poi, a metà pomeriggio ci fu un acquazzone terribile e tutti dalle banchine scapparono via a coprirsi. Così poterono scendere, finite di guardare le carte, alla spicciolata. Giuseppe Defina li accolse tutti e tre e abbracciò il figlio Matteo e li portò dove avrebbero dormito, nella «Piccola Palermo», dove c'era già la suocera di Peppino, e parenti, cugini e amici che nessuno di loro conosceva. Così Peppino, Ciccio, Saro cominciarono a prendere le misure del posto in cui erano capitati, con gli occhi pronti a guardare tutto, perché tutto era così strano. Appresero subito che una delle cose che gli gridavano giù al porto era: «Dagos! Tornate a casa vostra!». E l'altra era una cosa strana, che suonava «Uchilladacif» e che era l'equivalente di dire «assassini». Oh, quante volte l'avrebbero sentito! Tante da non farci più caso.

Dago, il termine, ancora adesso non si sa da dove viene. Alcuni dicono dalla marina inglese che chiamava così i marinai spagnoli o italiani, forse ricordando il nome Diego. Oppure, dicono altri, veniva da «dagger», stiletto. Un'ultima spiegazione, che a me sembra la più sensata, dice che il termine è la traduzione di «as the day goes». Voleva indicare uno che veniva assunto come lavorante «a giornata» e all'inizio non era neppure troppo dispregiativo, ma col tempo era diventato un insulto.

(Praticamente, «dago» era il «vucumprà» del secolo scorso).

Dago e siciliano a New Orleans erano sinonimi. Il dago aveva la pelle scura, gli occhi neri, i capelli neri e unti, le labbra grosse. Era geloso, cattivo e soprattutto vendicativo. Parlava un inglese misero, facendo finire tutte le parole con una «a», ed era preso in giro per questo. Il dagger, lo stiletto, che il dago nascondeva dentro lo stivale, era lungo e sottile come un ago. Infilato in profondità nella carne, rigirato velocemente nei polmoni o nel fegato e subito ritirato, lasciava – quando lasciava – solo un piccolo buco che apparentemente non spiegava la morte della vittima che sopravveniva tra sbocchi di sangue e colpi di tosse.

Peppino Defatta era il più sveglio dei tre, aveva più testa. Aveva anche un modo tutto suo di filosofare, di guardare le cose con distanza, di stupirsi per le cose nuove e belle. Questa Novorlenza un po' gli ricordava Palermo, con il porto, i palazzi, i poveracci, le guardie, le strade piene di fango. Fosse andato da Cefalù a Palermo, sarebbe diventato uno dei tanti «regnicoli», un disperato in mezzo agli altri villani schiumati in città.

Invece aveva attraversato l'oceano ed era diventato un dago! C'era quasi da ridere, a vedere quanti siciliani c'erano nel mondo! Novorlenza non era altro che Palermo trasportata al di là dell'Atlantico.

Peppino aveva ragione. Trent'anni dopo la fine della guerra civile americana, e trent'anni dopo la creazione del Regno d'Italia, avevano creato questo capolavoro: i dagos a New Orleans erano almeno ventimila su una popolazione di poco più di duecentomila persone: una potenza.

La città era il più grande porto del sud, circondato da laghi e acquitrini, sull'enorme foce del Mississippi; la città era una cosa in tale movimento per cui, anche se eri un dago, eri qualcuno. Era una città da perdere la testa: francese, spagnola, creola, cubana, siciliana, irlandese, negra, tedesca, ebrea, cinese. Tutte cose che per ragazzi nati a Cefalù erano misteriose.

(«Dai, Peppino: facciamo la prova del pettine, vediamo quanto sei negro!». La prova consisteva nel vedere se il pettine passava attraverso i capelli, o se eri troppo riccio da fermarlo. E allora ti davano una crema per ammorbidire, e un'altra per sbiancare la faccia).

Alle banchine e lungo il fiume c'erano almeno mille barche di legno con la vela, dal fondo piatto, che risalivano il fiume e pescavano le ostriche; e i siciliani erano i più bravi a portarle. Tutto il carico lo versavano poi a casa, dove i picciriddi, già a tre anni, imparavano a sgusciare le ostriche con il coltello. Facevano montagne di gusci, che poi tritavano e vendevano per fare i pavimenti dei cortili delle case. Little Palermo era fatta così: quattro blocks in fondo al vecchio quartiere francese, davanti al fiume, in mezzo al fango, dove un numero incalcolabile e neanche censito di siciliani vivevano ammassati, accalcati in case di legno, stamberghe di due piani con il secondo retto da colonne sottili. Non c'era scuola, non c'era ospedale, non c'era neppure la chiesa. Tutti vivevano all'aperto, il barbiere, il sarto, il ciabattino, il venditore delle cartelle del lotto. I maschi andavano a giornata, o a settimana, o a mesata, nelle piantagioni a tagliare la canna, a rifare argini del fiume, a vendere la frutta con i carretti o a pescare.

New Orleans era una città smodata, incontrollabile. Patria da sempre della corruzione politica e delle faide di potere, veniva ciclicamente colpita da epidemie di una mortale malattia, che alcuni chiamavano la Yellow Fever, o Yellow Jack o Bronze John. Non se ne conosceva l'origine, ma si capiva che aveva a che fare con gli insetti, il sudore, il caldo, la promiscuità, la povertà. Poteva capitare a chiunque di stare bene la mattina e al pomeriggio cambiare il colore della pelle, essere scossi da brividi immensi, vomitare sangue e morire nel giro di pochi giorni. Capitava più spesso d'estate e per questo i ricchi lasciavano la città a giugno per tornarvi a metà settembre; i poveri morivano a schiere e i cadaveri venivano portati via sui carri; non si sapeva se la febbre era contagiosa, si sapeva solo che arrivava senza preavviso.

Una città in cui la vita e la morte erano così vicine e imprevedibili, aveva portato i suoi abitanti ad avere un carattere irascibile, esso stesso febbricitante e fatalista. Le frequenti inondazioni del grande fiume entravano nei cimiteri, scoperchiavano le tombe e portavano i cadaveri a galleggiare per le vie della città. Vita e morte erano effettivamente qualcosa che si poteva giocare ai dadi, alle carte o alla lotteria. Si diceva che ad Haiti, anche da morti gli schiavi continuavano a lavorare, come dei fantasmi di carne, e che arrivassero in città dal mare. Si diceva che le viscere dei galli prevedevano il futuro, che il Papa di Roma sosteneva gli irlandesi ma non gli italiani, che Satana aveva portato la Lotteria, che la razza bianca doveva dominare su tutte le altre, inferiori.

Per intanto, era la Lotteria a dominare la vita della città. Era la sua più grande industria e solo le briciole degli incassi milionari andavano al municipio, perché costruisse scuole. Si giocava ogni giorno, ogni settimana, in ogni occasione speciale. I giornali pubblicavano pagine e pagine di numeri, i picciotti li vendevano per strada, le donne andavano dal prete a farseli benedire. Poi la folla si radunava davanti a un grande palazzo e solo i più fortunati riuscivano a entrare. Dentro c'era un teatro, e due signori con la barba e la divisa militare, due generali in pensione, con la loro uniforme da Confederati, leggevano i numeri estratti. Li prendevano da un cappello a cilindro, che veniva loro portato da due ragazzi negri vestiti da maggiordomi, mentre un'orchestra suonava. I numeri rimbalzavano nella sala, nelle strade, gridati in tutta la città, le cartelle passavano di mano negli ultimi minuti disponibili prima dell'annuncio ufficiale dei due generali.

Quando i nostri cefalutani arrivarono, quella «grande Palermo» che chiamavano Novorlenza era un porto che sfamava tutto un paese, dove ci si ammazzava per un carico di grano o di cotone e dove la febbre malarica si confondeva con quella della «Louisiana State Lottery», dei bordelli, della musica.

La città era costruita in mezzo alle curve del fiume e davanti al porto. Una grande via si chiamava Canal Street, un quartiere francese ricordava nell'architettura delle piazze e degli edifici pubblici che quella città, e tutto lo stato della Louisiana, erano stati proprietà prima del Re di Francia e poi di Napoleone, che l'aveva venduto al nuovo stato americano nel 1803. C'erano le banchine del porto, i magazzini di mattoni rossi, depositi di balle di cotone, di grano, di riso, di granturco e le raffinerie dello zucchero, due grandi fabbriche di ghiaccio. C'erano quartieri per tutte le razze; una piazza chiamata Congo Square, dove fino a trent'anni prima si svolgevano le aste pubbliche degli schiavi, ora di notte si trasformava in una scena di ballo infernale, suonata con tutti gli strumenti. Uomini e donne di tutte le razze si avvinghiavano, si strusciavano e dimenavano il culo, si ubriacavano, diventavano animali. Quella musica e quel ballo erano una specie di muggito di dolore e di piacere, cominciato da uno e poi fatto da tutti, senza accorgersene, qualcosa che veniva dalla terra, emozioni seppellite che venivano fuori.

«Animali», dicevano Saro e Ciccio, soprattutto il primo. E però volevano sempre passare per Congo Squa-

La Louisiana, dapprima spagnola e poi francese, venne venduta da Napoleone al governo americano nel 1803. Capitale dello zucchero e del cotone, fu uno degli 11 stati «schiavisti» sconfitti dall'Unione nel 1865. Nel tentativo di ricreare il regime «antebellum», la Louisiana e il neonato Regno d'Italia si accordarono per favorire l'emigrazione di decine di migliaia di braccianti siciliani, chiamati a prendere il posto dei vecchi schiavi. Analoghi accordi avvennero per le piantagioni di cotone nell'adiacente Mississippi. Alla fine dell'Ottocento, New Orleans era una «seconda Palermo».
(Nella cartina sono indicati i nomi che ricorrono nella nostra storia).

I CINQUE POVERI ITALIANI
Linciati a Talulah in America

E se non piangi di che pianger suoli? (Dante).

O gioventù d'Italia
  Abbruna la bandiera!
  Chi di valor t'uguaglia,
  O gioventude fiera?
Orgoglio e speme della Nazion,
Ti prego, ascolta questa canzon!

  Canto per quei linciati,
  Che laboriosi, onesti,
  Perchè Italian nomati
  Non fu pietà per questi;
In tanta strage, perfidia, orror!
Uccisi, appesi quai malfattor.

  Offeso e provocato
  Un buon connazionale,
  Lo vollero salvato
  Dall'ira lor brutale.
Quella masnada, senza ragion,
Feriti a morte, li fe' prigion.

  Assalta la prigione
  La folla delinquente,
  La rabbia sol è sprone
  A quella turpe gente.
La corda al collo lor fe' passar,
Condotti al campo per trucidar.

  Tradotti alla foresta
  Son tutti cinque appesi,
  Di colpi una tempesta,
  Atrocità palesi.
Grida di gioia? Infamia, orror!
Aimè! che sento mancarmi il cor!

  American Governo
  Perchè pietà non porti?
  Così nel canto, eterno
  V'è 'l grido di quei morti.
Delle innocenti famiglie lor,
Soccorri e vendica l'orbato onor.

  O martiri sepolti
  Laggiù nella Luigiana,
  Purtroppo siete morti,
  Ma chi la piaga sana?
Erano onesti lavorator,
Eppur son morti quai malfattor!

  O gioventù d'Italia,
  Abbruna la bandiera,
  E della vil ciurmaglia
  Fanne vendetta nera,
E sotto il manto del tuo valor
Soccorri e vendica il nostro onor!

«I cinque poveri italiani». L'immagine di fantasia e il testo della poesia-canzone composta da Antonio Corso, ex sottufficiale della Guardia di Finanza, in un manifesto stampato a Torino.

Il negozio dei fratelli Defatta. All'epoca non venero pubblicate fotografie delle persone e dei luoghi dell'eccidio di Tallulah. Qui, lo schizzo del negozio di alimentari dei fratelli Joe, Frank e Charles Defatta nel centro del paese, in legno come la stragrande maggioranza delle costruzioni di allora. Disegno tratto dal *New Orleans Times-Democrat*.

L'albero della prigione cui furono impiccati Frank Defatta, John Cirami e Rosario Fiduccia. Disegno tratto dal *New Orleans Times-Democrat*.

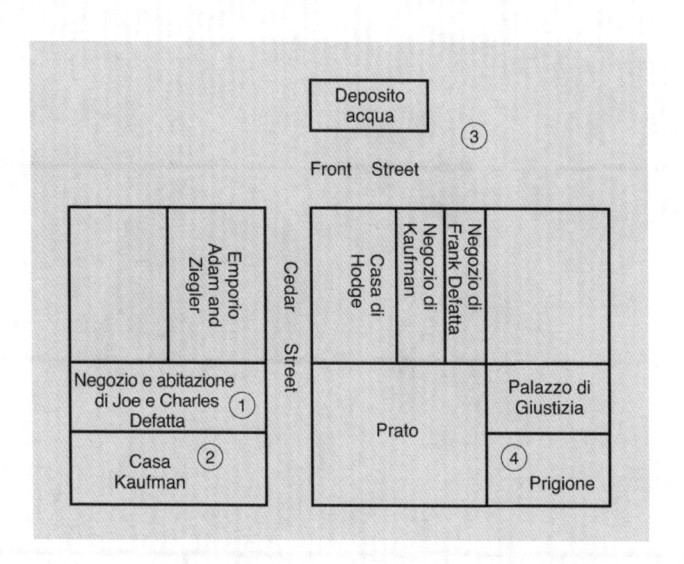

Il centro di Tallulah nel 1899.

1. Luogo dove viene ferito il dottor Hodge. 2. Il camino in cui viene catturato Joe. 3. Luogo dell'impiccagione di Joe e Charles. 4. Luogo dell'impiccagione di Frank, Rosario, John.

I bronzines, monete di latta che venivano usate come pagamento dei braccianti. Valevano una razione di carne o di polenta (Collezione di Babs Sevier).

re. Saro, una notte, salì anche sul palco e si mise a suonare la tromba, come aveva imparato nella banda di Cefalù. E poi cantò anche una romanza della *Traviata* di Giuseppe Verdi.

Poi c'erano compagnie di navigazione, i brokers, la polizia portuale, bordelli – una via intera, con le femmine nude sulle porte –, navi, chiatte e scaricatori. Uno spettacolo era il mercato, molto più grande di quello di Palermo. Era poggiato sotto un tetto tenuto su da tante colonne sottili, lungo un chilometro e spargeva odori che ti facevano svenire tanto erano forti. Di carne seccata, di frutta marcia, di pesce sulla via di diventarlo; insieme ai più sensuali profumi delle spezie vendute in grandi sacchi di iuta.

Peppino, Saro e Ciccio capirono subito che la velocità di scarico di una nave con limoni siciliani o banane dell'Honduras era fondamentale per non far marcire l'investimento e che per avere il permesso di scaricare bisognava ungere la polizia. Capirono anche che gli scaricatori erano una categoria importante e bravi erano stati i siciliani, che erano riusciti a far fuori gli irlandesi. Siciliani e negri al porto avevano fatto un sindacato insieme e concordavano il prezzo nave per nave che arrivava. E fino a quando non lo spuntavano, stavano tutti fermi ciondoloni. Poi quando il capo gridava «Deal!» saltavano sulle navi come dei gatti e uscivano con ceste di banane, sacchi di grano. I siciliani erano forti anche sulla frutta, non solo quella che veniva dalla Sicilia, ma quella che si andavano a prendere nel Centro America. Impararono che c'erano i Provenzano e i Matranga-Locasio, palermitani che avevano messo su il loro sindacato sulle banchine; la famiglia Vaccaro che era riuscita a comprare due navi e aveva portato per prima le banane dall'Honduras; e anzi, ad un grumo di case sulla costa di quel paese, avevano dato il nome del paese loro d'origine: Cefalù.

E soprattutto c'era la famiglia Macheca, che era a New Orleans da sempre. Il capostipite era venuto da Malta all'epoca in cui in quell'isola Napoleone fu sconfitto dagli inglesi; e lo stemma della sua famiglia, quello che i maltesi mettono sulle loro barche, era un misto di simboli in aramaico e in fenicio, cosa che spiegava quanto la sua gente navigasse nel Mediterraneo da sempre. Il vecchio Macheca aveva sposato una donna siciliana albanese e da quell'unione era nato il clan siciliano a New Orleans e poi un impero economico fatto di navi, docks e commercio. Joseph Macheca, il nipote del grande vecchio, adesso era uno dei grandi boss della città, proprietario di una magnifica villa con cappella privata, di un panfilo da diporto, di una flotta di pescherecci. Agli ordini suoi, duemila persone aspettavano la mattina lo scarico della frutta e si disperdevano agli angoli delle strade di tutta New Orleans a venderla dai loro carretti. Macheca era anche un boss politico, e come tutti gli altri, con una sua organizzazione armata. Quella di suo padre era chiamata «Gli innocenti», si vestivano con una camicia ricamata candida e si vedevano nei quartieri dare la caccia ai negri; i suoi si chiamavano «Stuppagghieri», reclutati soprattutto tra gli emigrati di Palermo e di Monreale, e tenevano l'ordine nella parte più fetida e infame della città, proprio quei quattro isolati di malattie ed epidemie della Little Palermo, giù in fondo al Vieux Carré. Little Palermo era povera, era disgraziata, ma forse era più ricca di quanto non fosse, negli stessi anni, la Palermo d'origine.

Era incredibile come Palermo avesse potuto riprodursi dall'altra parte del mondo, e con che velocità. Da quando l'esercito dei piemontesi era sfilato per i Quattro Canti e aveva imposto la sua legge, la Sicilia si era divisa in Regnicoli e Scappati. O meglio: Palermo, per dare da mangiare a tutti, aveva finito per divorare se stessa, e poi aveva vomitato i suoi abitanti in America.

Prometteva bene, la Palermo in America, certo meglio della Progenitrice. Ma da un anno, «le cose erano cambiate». Peppino, Saro e Ciccio, quante volte se lo sentirono dire. E quante volte la sentirono raccontata, quella storia. Loro non c'entravano niente, erano ancora a Cefalù quando successe, e non sapevano che li avrebbe inseguiti.

Ma la storia era questa, ed era bella e terribile da ascoltare come quelle dei cantastorie nei paesi. C'era qualcosa che li affascinava, come se li toccasse da vicino.

Il «fatto» fu inaudito, di per sé. L'uccisione, per strada, del capo della polizia di New Orleans. Non era mai successo in una grande città americana.

David Hennessy, un irlandese di 33 anni, era diventato da poco il «Chief» della polizia metropolitana, ruolo di grande potere che si giocava tra le varie correnti del Partito Democratico della città. Hennessy era un popolare detective che aveva sventato rapine e assicurato alla giustizia un famoso brigante siciliano, un certo Esposito che, a Lercara Friddi, aveva rapito e mozzato le orecchie a un industriale inglese dello zolfo e poi era scappato in America. Niente soffiate, intuito, solo intuito: Hennessy aveva visto un tipo strano in un bar e l'aveva riconosciuto come Esposito da un vecchio disegno che proprio la sua vittima aveva fatto di lui. La cattura di Esposito diede molti punti a Hennessy. Ma c'era un altro concorrente per diventare Chief. L'altrettanto famoso e giovane detective Thomas Deveraux. Beh, sembra impossibile, ma Deveraux venne ucciso a colpi di pistola dal cugino di Hennessy, alla presenza del nostro futuro Chief, dopo una banale lite in un locale pubblico. Il processo dimostrò che si era trattato di legittima difesa: Deveraux aveva tirato fuori la pistola per primo.

Nominato capo della polizia, David Hennessy sorvegliava il porto, il mondo del vizio, l'immigrazione, le licenze. Dato che la città era intimamente corrotta, difficile pensare che Hennessy facesse eccezione. Intascava tangenti, schierava la polizia a sostegno di questa o quella fazione, faceva pagare la sua protezione, si diceva che fosse socio in uno dei più noti bordelli della città, aveva le mani in tasca negli affari della lotteria ed era candidato a una grande carriera politica.

La sera del 15 ottobre 1890, Hennessy era in procinto di dare testimonianza in tribunale su una faida tra i Provenzano e i Matranga per il controllo del porto.

Questa era una storia che a Little Palermo conoscevano tutti: di quando Tony Provenzano aveva attaccato un carro di scaricatori del porto che tornava dal lavoro e ferito a pistolettate nientemeno che il figlio di Charles Matranga, che aveva perso una gamba. Hennessy era arrivato sulla scena e adesso doveva testimoniare al processo, ma tutta la città sapeva che Hennessy era a libro paga dei Provenzano.

La sera prima del processo, The Chief se n'era andato a spasso con amici. Era uscito dal famoso Dominic Virget's Saloon, dove aveva mangiato dodici ostriche e bevuto un bicchiere di latte (Hennessy era astemio), in compagnia del suo amico Bill O'Connor, anche lui irlandese, capitano di un corpo di polizia privato. Uno dei tanti: New Orleans era la patria delle fazioni armate.
I due si lasciano, Hennessy ha due isolati per arrivare a casa. È buio, sono le 10 e mezzo di sera del 16 ottobre 1890, la strada è tutta una pozzanghera dopo un violento temporale, la zona è di case di legno basse, dove abitano negri e siciliani. All'improvviso una raffica di colpi di fucile, ombre che scappano, Hennessy che stramazza. Si rialza, spara con la pistola, si accascia di nuovo. Arriva in ospedale cosciente, è ferito all'addome; i medici gli danno la morfina, lui dice: «Mi hanno tirato, ma io ho risposto. Ho fatto del mio meglio».
Il suo amico Bill O'Connor, che lo aveva portato su quella strada e poi lo aveva lasciato andare a casa solo

(«tanto sono solo due isolati») è il primo ad arrivare al capezzale. Più tardi, nella notte, dirà ai reporter che si affollano all'ospedale:

«Mi sono chinato su di lui e gli ho chiesto:

Who gave it to you, Dave?
He replied: "Put your ear down here".
As I bent down again, he whispered the words: Dagoes».*

Nessun altro, oltre O'Connor, sentì quel bisbiglio di risposta.

Non solo nessun altro sentì quelle parole, ma a nessun altro Hennessy le pronunciò, ai tanti, compreso un giudice, che lo visitarono nella notte e lo trovarono lucido. Stava bene, gli chiesero diverse volte se voleva fare qualche dichiarazione, ma The Chief ripeté che c'era tempo, non c'era urgenza. Poi venne sua madre e i due parlarono a lungo, da soli, delle loro cose finanziarie. Alla mattina, improvvisamente, le condizioni di Hennessy peggiorarono; entrò in coma e morì nel giro di mezz'ora. Bill O'Connor scomparve dalla scena. Non diede nessun'altra testimonianza e non fu nemmeno sentito al processo. Tra cento voci di popolo che lo indicavano come colui che aveva portato l'agnello al macello.

---

* Chi ti ha sparato, Dave?
Lui rispose: «Metti l'orecchio qui vicino a me».
E mentre io mi piegavo di nuovo su di lui, bisbigliò le parole: «Dagoes».

Ma quel bisbiglio – *da-go-oes* – portò i primi cinquanta arresti nella notte e poi una retata di duecentocinquanta siciliani di New Orleans. Era l'occasione che il sindaco cercava per stangare gli italiani. Joseph Macheca e Charles Matranga, i siciliani più in vista, vennero arrestati per complotto, nonostante quella sera fossero a teatro. Bambini di dodici anni entrarono in galera. Un «comitato dei 50» – i cui membri dovevano restare segreti, come se fossimo tornati al Medioevo – venne formato per indagare sul pericolo della «mafia siciliana» (è stato qui, prima che in Italia, che il termine divenne noto) e nel giro di poco tempo uno spaventoso cortocircuito si abbatté sulla comunità siciliana. Il sindaco diede ordine di fermare o arrestare ogni italiano sospetto, fece un editto in cui considerava responsabili dell'omicidio tutti i siciliani che non collaboravano con la polizia, vennero fermate le barche da pesca che risalivano il fiume per perquisirle, venne setacciato il quartiere di Little Palermo.

Lo stesso sindaco sostenne di aver ricevuto dal governo italiano una lista di mille criminali che avevano trovato rifugio in Louisiana.

Anche se sapevano come andava a finire, i nostri tre ragazzi ogni sera se la facevano raccontare di nuovo.

Dunque, dopo tante indagini, tante teorie, il procuratore concluse che la mafia siciliana aveva ordito un complotto per uccidere Hennessy e che Macheca e Matranga erano i capi. Fecero un processo, con 19 imputati, ma si scoprì che non avevano niente in mano, se non le accuse di un certo Emanuele Polizzi, che era malato di mente e durante il processo tentò addirittura di buttarsi dalla finestra. Nessuno se lo aspettava, ma nemmeno la giuria popolare se la sentì di condannare gli italiani. Li assolse tutti! Erano liberi! Not guilty, cumpà: hai capito?

Ma – fate bene attenzione – la polizia non li fece uscire dalla prigione, perché disse che dovevano ancora vedere delle carte e controllare che non ci fossero altre accuse.

E così successe come ai troiani che credevano di aver vinto la guerra e non si erano accorti del cavallo. I siciliani festeggiarono a Little Palermo con i fuochi artificiali e scesero in strada con le bandiere del Re d'Italia. Dissero che era il compleanno del Re, ma veramente non era la data esatta del compleanno. Ma lo facevano per il verdetto, capisci? E non sapevano, meschini, quello che stava per succedere.

La mattina dopo i cittadini di New Orleans trovarono sul quotidiano in prima pagina un annuncio esplicito:

Mass Meeting
Alla good citizen are invited to attend a mass meeting on Saturday, March 14 1891, at 10 o'clock a.m., at Clay Statue, to take steps to remedy the failure of justice in the Hennessy case.
Come prepared for action.*

---

* Incontro pubblico.
Tutti i buoni cittadini sono invitati a partecipare ad un incontro pubblico, sabato 14 marzo 1891, alle 10 del mattino, davanti alla statua di Clay, per prendere provvedimenti per rimediare al fallimento della giustizia nel caso Hennessy.
Venite preparati all'azione.

Seguivano 61 nomi, ed erano quelli dei politici e degli industriali più in vista della città. Spiccava anche quello del braccio destro del sindaco.

Fu il signor Wickliffe, proprietario di giornali che conduceva una campagna contro i siciliani, a parlare alla folla. «Siamo qui per capovolgere l'infame sentenza di una giuria corrotta dalla società mafiosa. Mr. Parkerson, l'assistente del sindaco, sarà il vostro capo. Mr. Houston sarà il suo primo assistente ed io sarò il suo secondo».

La folla aumentava di minuto in minuto, fino a raggiungere le ventimila persone. Il corteo partì in direzione della prigione, accompagnato da cori di ragazzini che scimmiottavano la parlata dei dagos e ritmavano «Who killa da Chief! Who killa da Chief!».

(«Avete capito ora, che cosa vi urlavano al porto quando siete arrivati? Uchilladacif vuol dire "assassini", "avete ucciso voi il capo della polizia". Ce lo urlano sempre. Non dovete rispondere, mai! Tenete la testa bassa e allungate il passo»).

Alla testa della folla comparvero improvvisamente cento uomini armati di fucile a ripetizione Winchester e divenne chiaro il finale della giornata. La porta della prigione venne abbattuta e cominciò la caccia agli italiani, cella per cella. Ne trovarono undici e li uccisero. Presero i cadaveri e li portarono alla folla. Alcuni li impiccarono ai lampioni, dove rimasero per un giorno intero. Intanto squadre attaccavano i siciliani nella Little Palermo, sfondavano e incendiavano i loro negozi.

I siciliani non ebbero alcuna possibilità di reagire; il clima di terrore costrinse molti di loro a nascondersi, per settimane, nelle cantine.

C'erano un sacco di dettagli che animavano questi racconti. Un sacco di sospetti. Come mai gli avvocati non protestarono per fare uscire i loro clienti dalla galera? Era vero che il governo italiano aveva mandato quella lista di mille criminali? Come mai Charlie Matranga, che era l'uomo più in vista, riuscì a salvarsi? E come mai Macheca che era così ricco invece venne ucciso? Matranga disse che si era nascosto sotto un materasso nella parte femminile della prigione. Strano però che non si siano accorti che proprio lui mancava, quando hanno allineato i cadaveri nel cortile. E si salvò anche Bastian Incardona, un palermitano che era il suo braccio destro.

Ancora oggi che sono passati 125 anni, non si sa chi uccise il capo della polizia di New Orleans. Non venne mai fatto un altro processo, né altre indagini. Tutta l'operazione, vista con gli occhi di oggi, appare molto diversa dallo «scoppio di rabbia popolare» per la morte di un eroe in divisa. Fu in realtà il primo caso, in America, di un uso della folla per motivi politico-economici. Fu il proseguimento dei pogrom che si svolgevano in Russia, e un anticipo di quanto sarebbe successo in Germania, nel 1938, alla notizia dell'uccisione di un diplomatico tedesco a Parigi ad opera di un diciassettenne ebreo. Fu un'operazione di sterminio (il sindaco disse: «Io vi spazzerò via dalla faccia della terra») contro una comunità in ascesa sociale, di cui si contestava la razza. Il Mr. Parkerson che aveva guidato l'eccidio diventerà un famoso governatore della Louisiana, i dagos divennero un «nemico ufficiale», etichettati tutti come appartenenti alla «mafia society». Un decreto tolse loro la possibilità di lavorare al porto; venne sciolta la loro organizzazione sindacale di scaricatori. Il console italiano, Pasquale Corte, che nel giorno dell'eccidio aveva cercato in tutti i modi di parlare con le autorità, con la polizia, con il sindaco, fu dichiarato persona non grata e costretto a lasciare la città. Tutti i politici locali dissero che «a New Orleans era stata fatta la cosa giusta». Teddy Roosevelt, che sarebbe diventato dieci anni dopo il presidente degli Stati Uniti, disse: «era tempo che a quella razza venisse data una lezione». L'ambasciatore italiano a Washington, il barone Francesco Fava, venne richiamato a Roma e lasciò per mesi la sede vacante, mentre si diffondevano a New Orleans le notizie più incredibili. Che la flotta italiana era partita per il golfo del Messico, che una milizia di mafiosi si preparava ad attaccare con diecimila uomini la città. Centinaia di persone corsero ad arruolarsi, i giornali davano risalto a notizie come questa:

Una compagnia di coraggiosi cittadini della Georgia è pronta ad invadere Roma, a disperdere la mafia e alzare la bandiera a stelle e strisce sulla basilica di San Pietro.

Il Regno d'Italia, in realtà, non aveva alcun proposito bellicoso; ma piuttosto l'assoluta necessità di tenere vivi i canali della emigrazione. Dopo sei mesi, Fava tornò a Washington e trovò un'intesa per sistemare la questione. Il Congresso americano avrebbe ricompensato le famiglie degli 11 impiccati con 2.500 dollari a testa. Ma che davvero i dagos fossero una «razza maledetta», l'Italia di fatto lo accettava. La comunità siciliana non venne difesa dalle accuse tremende che le venivano lanciate e i nostri scienziati contribuirono, consapevoli delle conseguenze delle loro parole, a giustificare moralmente i linciaggi.

Così si esprimeva Cesare Lombroso, rivolgendosi a un pubblico americano, quattro anni dopo l'eccidio di New Orleans, per spiegare l'innata criminalità propria delle popolazioni meridionali:

> Come i selvaggi, i criminali manifestano una grande insensibilità al dolore, che spiega la loro longevità, la loro capacità di sopportare gravi ferite, il loro tasso frequente di suicidio. Come per i selvaggi, le loro passioni sono improvvise e violente, la vendetta è considerata un dovere, hanno un forte amore per il gioco d'azzardo, per l'alcool e la pigrizia.

Ognuno portava il suo mattone, contro i dagos. Chi per il sangue, chi per la storia dell'Impero romano, chi per la forma del cranio, chi per l'omertà, per la vendetta, per la mafia. Il tutto in così poco tempo. Una nuova razza era nata.

Alla fine del 1892, come scoprirono i nostri Peppino, Ciccio e Saro, per la Novorlenza siciliana erano finiti gli anni d'oro, ora aveva solo che leccarsi le ferite. Il dago era buono solo per le piantagioni, Little Palermo era misera.

Se ne accorse anche una piccola suora missionaria italiana, arrivata «quando ancora i cadaveri degli immigrati penzolavano dai lampioni». Era una santa, quella suora, si chiamava Francesca Xavier Cabrini, nata a Sant'Angelo Lodigiano, vicino a Milano, missionaria del Sacro Cuore di Gesù. Scrisse, indignata, al papa Leone XIII di aver visto l'infamia perpetrata contro i siciliani, la povertà assoluta della Little Palermo, l'odio che circondava i dagos, lo sfruttamento cui gli emigranti erano sottoposti anche da parte dei loro connazionali diventati padroni. Gli chiedeva di fare qualcosa. Il Papa le rispose laconico: «Sono vittime di uomini senza scrupoli. A causa loro, molta della nostra gente soffre in America». Lei, che girava ovunque ci fosse bisogno, si fermò un po' a New Orleans, fondò un orfanotrofio e una scuola per ragazze (le scuole furono la sua specialità, e ancora adesso sono ricordate per l'esempio e la tolleranza). Morì a Chicago nel 1917 e venne proclamata, nel 1946, santa patrona degli emigranti, l'unica santa della chiesa cattolica americana. Chissà se i nostri la incontrarono.

Mah, forse no. Erano tre giovani uomini soli e non erano tanto di chiesa. Chissà che cosa gli avrebbe consigliato, la madre Cabrini.

Ma oltre a lei, nessun italiano in Italia sembrò curarsi troppo delle ambasce dei dagos. Che continuavano, piuttosto, ad essere spediti sulle navi. Mille a carico. E ora sul molo c'erano irlandesi disoccupati a gridargli contro, tanto che molti venivano dirottati verso la Florida, ad arrotolare tabacco, che era più sicuro.

E così, il nostro gruppetto di Cefalù si fermò poco a New Orleans, perché non era aria.

Era venuto Defina con una proposta ai cognati. Venite su al nord, dove mi sono sistemato io. Ci sono possibilità, è gente rustica, ma non ci odiano come qui. Compriamo frutta e verdura qui, dai Romano, la scarichiamo a Vicksburg e la vendiamo nei paesi vicini coi carretti. Fecero una riunione, Peppino ebbe la benedizione della madre di Lena, signora Imbraguglio.

«Solo quando sarete settled, chiamerete le famiglie».

Peppino prese la spilla con il brillante che Lena gli aveva dato quando era partito da Cefalù e che teneva nascosta in una piccola tasca dei pantaloni.

«Tenetela Voi, è più sicura», disse alla suocera.

Ma la signora Imbraguglio non volle. «Lena sa che dove c'è la spilla, c'è suo marito».

Capitolo otto
Strani frutti

Era tutta così misera e disperata, la Luigiana che incontrarono i nostri cefalutani. Era inospitale, con le zanzare, le paludi e gli alligatori. Gli «overseers» a cavallo nei campi (e tra di loro potevi trovare anche persone del paese tuo). Le guardie alle piantagioni per impedire che i lavoranti scappassero. I *viddani* che faticavano non avevano dove trovarsi, solo la forza di dormire dopo la giornata. Altro non si poteva fare, se non camminando ore per arrivare a New Orleans nei giorni di festa. E adesso era pure meglio starne lontani. Quello che avevano fatto contro i siciliani a New Orleans, nessuno in Sicilia avrebbe osato farlo. I corpi appesi ai lampioni e lasciati per giorni, i bambini messi in carcere, la gente che ti insultava per la strada.

Dunque era vero che anche i siciliani si potevano impiccare, il lynching non era solo per i negri. Non era vero che si era sudditi del Re d'Italia Sua Maestà, che proteggeva i suoi lavoratori all'estero, per cui tutti ti portavano rispetto. Non era vero che con la fatica di qualche anno si mettevano i soldi da parte per comprare la terra e chiamare la famiglia.

Le notizie sui Defatta, Defina e Fiduccia, sui due anni che passarono dal loro sbarco a New Orleans al loro arrivo a Tallulah, 500 chilometri più a nord, sono pochissime. Piccoli brandelli di parentele, e poco più. Non ho trovato nulla – se non frammenti di documenti che registrarono i loro spostamenti, le loro conoscenze e i loro legami familiari. Sicuramente lavorarono a tagliare la canna da zucchero nelle piantagioni che circondavano la città. E poi, in qualche maniera, avevano trovato la forza di scappare e andare a provare lassù. Forse ebbero un contratto per andare a costruire argini sul Mississippi, un altro lavoro talmente pesante che, trent'anni prima, i padroni non volevano lo facessero i loro schiavi, perché morivano; per cui chiamarono gli irlandesi. Di tornare, non c'era proprio da parlarne: la Sicilia stava peggio di loro, e bastava vedere le banchine di New Orleans: i siciliani scendevano dalle navi come pecore che si spingevano l'una con l'altra.

Era un po' come aver attraversato l'Oceano Atlantico per finire in una trappola.

Il linciaggio? I nostri cefalutani, nella loro marcia verso il nord, ne avranno visti a decine. Anche perché l'impiccato al pioppo lo mettevano apposta dove dovevi passare.

Gli storici oggi dicono che negli stati del sud degli USA (l'Alabama, la Georgia, il Mississippi, la Louisiana, la Florida, il Texas) tra le quattro e le cinquemila persone vennero uccise, nei vent'anni che vanno dal 1887 al 1907. Il novanta per cento erano neri, ex schiavi o loro figli, impiccati per furto, omicidio, violenza sessuale, ma anche per aver insultato un bianco, o anche senza una ragione, per vendetta.

La lenta, continua, strage cominciò con il ritiro delle truppe unioniste, a vent'anni dalla guerra civile; la loro presenza aveva fatto da scudo ad una parvenza di legge. Ma con la partenza dei soldati e il ritiro di fatto dell'amministrazione nordista, gli stati del sud si dotarono di nuove leggi e di nuovi strumenti. L'obiettivo era sempre lo stesso, impedire che i negri, con la loro maggioranza numerica in questi stati, potessero conquistare il potere politico attraverso il voto, o potessero organizzarsi per ottenere migliori condizioni di lavoro. Così si decise che per votare (ovvero: per evitare che un negro potesse diventare poliziotto, sceriffo, giudice, sindaco, governatore, presidente) bisognava pagare una tassa. Un dollaro a testa: ma chi ce l'aveva? E in più bisognava portare ricevuta di due precedenti pagamenti; bisognava sapere leggere e scrivere, bisognava superare un esame sulla Costituzione americana, bisognava avere delle proprietà, bisognava avere una fedina penale immacolata, bisognava dimostrare che qualche altro membro della famiglia aveva già votato. Inoltre, nei giorni del voto, squadracce armate si incaricavano di spezzare le ossa a chi, nonostante tutto, si fosse ostinato a voler andare al seggio. La guerra l'avevano persa, ma i bianchi del sud non avevano la minima intenzione di rinunciare al loro «stile di vita».

Il linciaggio pubblico divenne l'elemento indispensabile di un rito, di una liturgia. Il negro impiccato senza processo era la dimostrazione di un'altra legge, più profonda, vigente sul territorio. La punizione per l'insulto alla donna bianca ammoniva a non figurarsi mai, nemmeno in via ipotetica, che le razze bianche e nere potessero mescolarsi, vivere insieme. Che i negri dovessero solo lavorare i campi e che fossero razza inferiore, erano concetti che avevano bisogno di essere reinstillati ogni giorno. I linciaggi divennero così il principale spettacolo gratuito del sud degli Stati Uniti d'America, i luoghi in cui ci si faceva fotografare vicino ai cadaveri, i luoghi dove si poteva sparare contro i corpi morti penzolanti, i luoghi dove i mariti portavano le mogli e i bambini, tenuti per mano da papà, venivano ad apprendere come vanno le cose del mondo. I luoghi in cui, dove se non si andava, si era guardati con sospetto.

Nessun linciaggio, in vent'anni, venne mai punito. La metà dei linciati rimase senza nome e senza sepoltura. Il mondo sapeva – il mondo sa sempre tutto – ma nessuno interveniva. Quel mondo era lontano da tutto: diverso, separato.

La legge era evidentemente calpestata, i linciaggi erano evidentemente degli omicidi premeditati, ma tutto questo scompariva di fronte alla forza economica del sud, che portava alla loro capacità di veto politico. Senza il voto dei bianchi degli stati del sud, nessun partito era in grado di eleggere il presidente. Se un linciatore fosse stato arrestato, sarebbe diventato un eroe.

Si dice che gli americani impararono a conoscere cos'era la schiavitù dal libro *La capanna dello zio Tom* della scrittrice Harriet Beecher Stowe. Si racconta che Lincoln la incontrò e le disse: «So, you are the little lady who started this big war».

I linciaggi cominciarono davvero ad essere conosciuti nel 1939 (anno in cui in Europa Hitler invadeva la Polonia) attraverso la più lancinante canzone del Novecento. Parole e musica erano di Abel Meeropol, un professore di liceo ebreo russo comunista di New York, la voce – ultraterrena – della cantante jazz Billie Holiday, ospitata nei club di New York, ma cacciata, se avesse osato, da qualsiasi teatro dell'antica Confederazione. Parlava di strani frutti che pendono dagli alberi del sud:

> Southern trees bear strange fruit.
> Blood on the leaves and blood at the root.
> Black bodies swinging in the southern breeze.
> Strange fruit hanging from the poplar trees
> Pastoral scene of the gallant south.
> The bulging eyes and the twisted mouth
> Scent of magnolias, sweet and fresh.
> Then the sudden smell of burning flesh
> Here is fruit for the crows to pluck,
> For the rain to gather, for the wind to suck,
> For the sun to rot, for the trees to drop:
> Here is a strange and bitter crop.*

---

* Gli alberi del Sud danno uno strano frutto / Sangue sulle foglie e sangue alle radici / Neri corpi impiccati dondolano alla brezza del Sud / Uno strano frutto pende dai pioppi. Una scena bucolica del Sud galantuomo, / Gli occhi strabuzzati e le bocche storte, Profumo di magnolie, dolce e fresco. / Poi improvviso l'odore di carne bruciata. Ecco il frutto che i corvi strapperanno / Che la pioggia raccoglierà, che il vento porterà via, / Che il sole farà marcire, che gli alberi lasceranno cadere / ecco uno strano ed amaro raccolto.

Se non fossero stati linciati, i nostri siciliani l'avrebbero ascoltata da vecchi, alla radio. Chissà che effetto avrebbe fatto su di loro, che avevano cominciato la loro vita americana vendendo limoni e meloni, strani frutti.

Ma, alla fine dell'Ottocento, i tempi non erano maturi per questi discorsi. C'erano però altre storie, che l'uno con l'altro si raccontavano, e dicevano che dagos e neri avevano fatto lega.

Una di queste storie riportava che la camerata dei siciliani in una piantagione appena sopra New Orleans era stata svegliata nella notte, per un cambio di lavoro. Otto di loro dovevano andare a scavare. Scelti tra i più giovani, vennero avviati nel bosco fino ad una radura in cui c'erano – ma era difficile capirlo subito – i resti di un uomo carbonizzato. Carne bruciata, pezzi di vestito, il teschio e le ossa. Dovevano pulire tutto il terreno intorno, prendere i resti e sistemarli il meglio possibile in una cassa di legno e poi portarli al capannone che fungeva da chiesa battista, nella piantagione. Compiuto il lavoro, i siciliani scoprirono che si trattava dei resti di un ragazzo di diciassette anni, che lavorava a poca distanza da loro e che era stato accusato di aver molestato una donna bianca; quando portarono la cassa in chiesa, conobbero i suoi genitori. I negri erano stupiti dall'avere dei bianchi in chiesa, e loro si presentarono e dissero «noi siamo quelli che vi abbiamo riportato vostro figlio». Allora i genitori chiesero loro di fermarsi e di assistere alla messa e sentirono la predica del pastore e rimasero impressionati perché tutti erano calmi e nessuno gridava o si disperava.

La storia era tutta qua, però doveva essere circolata perché, quando linciarono Lorenzo Salardino di Campofiorito, Salvatore Arena e Giuseppe Venturella di Caccamo, questa volta furono i negri della La Place Plantation a presentarsi al funerale a fare le condoglianze.

Erano tutti e tre nella prigione di Hahnville, a due passi da New Orleans. Salardino era stato stato accusato di aver ucciso un grosso padrone locale, Monsieur Guermand, sparandogli da dietro un cespuglio, sulla banchina del fiume. Gli altri due erano accusati di aver ucciso un vecchio raccoglitore di muschio nella stessa piantagione, per motivi che a nessuno erano chiari. Per Arena e Venturella, il giudice aveva fissato la cauzione in mille dollari, che non era tanto in un caso di omicidio, ma i due non avevano trovato, o forse non avevano neppure cercato, qualcuno che facesse una colletta. E così i linciatori avevano preso anche loro in quanto dagos, e li avevano impiccati insieme a Salardino. Salardino, prima che gli passassero il cappio, aveva ancora gridato: «*I no killa Mr. Guermand, I sleepa*».

Era successo che tra siciliani e negri ci fosse comunella. Doveva essere passato tra di loro qualcosa di profondo nella comunicazione del dolore simile, per fatti simili e ingiustizie simili. Qualcosa che non si manifestava quando toccava sbranarsi per prendere un lavoro, diventava semplice nei seppellimenti, nei funerali, negli sguardi; quasi fosse un vecchio spartito che sapevano a memoria.

Man mano che i linciaggi crebbero, anche quelli dei siciliani divennero più frequenti: i dagos erano mezzi neri, quindi era logico che subissero lo stesso trattamento. Ed erano diventati tanti, per cui ci voleva qualcosa che ne facesse diminuire le pretese.

A ogni persona impiccata, si consolidava una giurisprudenza. I negri, si era capito, potevano essere linciati. La legge, di fatto, lo permetteva. Di fatto, la pratica veniva interpretata come una forma di snellimento dei tempi della giustizia, una forma di volenterosa attuazione di verdetti che non erano stati eseguiti per mancanza di tempo, di personale o per una certa pigrizia ambientale. Ma quando nel 1891 a New Orleans vennero d'un colpo uccisi e poi esposti al pubblico undici italiani, accusati a vario titolo di omicidio e cospirazione, ma tutti assolti da una corte d'assise, dove stava il diritto?

Nella roboante contesa diplomatica che oppose Italia e Stati Uniti dopo i fatti di New Orleans, il «buco giurisprudenziale» venne coperto con l'istituto della ricompensa.

Alla base della questione c'era un problema importante. L'Italia sosteneva che i linciati erano cittadini italiani, sudditi di Re Umberto I, tutelati nei loro diritti da un trattato tra gli Stati Uniti e l'Italia risalente al 1871, e quindi non potevano essere linciati. Il trattato così recitava, all'articolo due:

Gli Stati Uniti garantiscono ai cittadini italiani emigrati negli Stati Uniti o nei loro territori la più costante protezione e sicurezza per quanto riguarda le loro persone e le loro proprietà, e che essi godranno, a questo proposito, degli stessi diritti e degli stessi privilegi garantiti ai nativi e che saranno sottoposti alle stesse leggi imposte ai nativi.

In quanto al reato, l'Italia sosteneva che si trattava di omicidio. Il segretario di Stato americano rispondeva che il «linciaggio» non era nella lista dei reati federali, ma dipendeva dai singoli stati, nella cui autonomia Washington non poteva entrare. Quanto poi alla fedeltà al Re d'Italia, Washington faceva notare che molti (non tutti in realtà) dei linciati di New Orleans erano cittadini italiani naturalizzati americani, o in procinto di diventarlo. E interpretava la loro richiesta di naturalizzazione come una volontà di non essere più protetti dal Re d'Italia. Diventando americani, o perlomeno non volendo più essere italiani, i futuri linciati diventavano quindi giuridicamente linciabili. Il fatto poi che il trattamento subito fosse riservato in genere solo ai negri e non ai bianchi, era un terreno che il diritto americano non prendeva neanche in considerazione.

Il rompicapo giuridico rivelava in realtà le basi di un pregiudizio razziale. Se il popolo dei linciatori, mai identificato, ma comunque ritenuto una presenza positiva negli avvenimenti, considerava un siciliano alla stregua di un negro, questo significava che aveva diritto a comportarsi così. In sostanza: se una folla non identificata prelevava un negro da una prigione e lo impiccava per sveltire il corso della giustizia, questo non era reato. E non lo era neppure se l'oggetto dell'azione della folla era un siciliano. Per due motivi: il primo è che questi, avendo fatto domanda di naturalizzazione, aveva dimostrato di voler diventare cittadino americano. Il secondo, che la sua natura razziale incerta lo poneva al di fuori dei privilegi della razza bianca.

La natura razziale e giuridica degli immigrati siciliani in Louisiana fu così oggetto di discussione all'ombra di cadaveri penzolanti dalle forche. Ma, stranamente, non si trova mai – tra la cospicua documentazione fornita dai nostri diplomatici – un'indignazione e una condanna per il contesto di continuo vilipendio dei nostri connazionali. Si accetta che essi vengano definiti dagos, che siano considerati a priori delinquenti, che vengano giustificate le reazioni omicide contro di loro, proprio in base alla loro definizione. I nostri diplomatici erano allora conti, baroni, marchesi, e spiace un po', leggendo centinaia di pagine di retorica italiana, di aulici riferimenti, provenienti dalla conclamata patria del diritto, non trovare mai una parola in favore di questi esponenti di una razza inferiore. E si affaccia una mal sopita certezza, che essi non si indignarono più di tanto, perché non condannavano più di tanto.

Nel caso delle tre impiccagioni a Hahnville, dove persero la vita i poveri Salardino, Arena e Venturella, molti paesani siciliani andarono al consolato a chiedere giustizia, ma con nessun risultato. Il governatore della Louisiana disse che volevano diventare cittadini americani e che pertanto il Re d'Italia non li aveva più tra i suoi sudditi. Disse inoltre che evidentemente non erano buoni cittadini italiani, visto che non mandavano soldi a casa, non erano a disposizione del loro esercito e avevano manifestato più volte la loro intenzione di risiedere negli Stati Uniti, il famoso «animus manendi». Riguardo poi alla possibilità di indennizzo, scrisse che nulla era dovuto per delle persone che in vita non avevano contribuito affatto al benessere economico dell'Italia o alla sua forza militare. Il nostro console portò a testimoniare dieci compaesani (e sono quasi tutte X quelle al posto della firma) che i tre avevano fatto il soldato, erano italiani. Il governatore disse, senza portare prove, che avevano partecipato a elezioni locali, e quindi erano americani. A questo punto, il nostro ambasciatore, barone Saverio Fava, calò una prova forte del pregiudizio contro gli italiani. Raccontò che gli assalitori della prigione di Hahnville cercavano il Salardino per punirlo per la morte di Guermand, ma visto che c'erano presero anche Arena e Venturella, in celle vicine, solo in quanto italiani, per evidente pregiudizio razziale. Arena e Venturella, che stavano in galera e avrebbero potuto essere fuori se solo avessero avuto i mille dollari di cauzione da pagare. Prontamente il segretario di Stato rispose che l'argomento razziale non si poteva applicare, perché oltre ad Arena e Venturella vi erano nella prigione di Hahnville altri tre detenuti italiani. E quindi, se di backlash razziale si fosse trattato, avrebbero preso anche gli altri.

Questo era quello che un siciliano si poteva aspettare, se incappava nella giustizia dell'uomo bianco. Quanto poi a chi era un «bianco», chi era un «nero», chi era un «dago», la scienza e la giurisprudenza americana, proprio in quegli anni lavoravano con alacrità.

Nel 1896, la Corte Suprema degli Stati Uniti legiferò contro il cittadino di New Orleans Homer Plessy, nella causa Plessy versus Ferguson, divenuta storica. Plessy aveva denunciato le ferrovie della Louisiana per non averlo ammesso in una carrozza «per soli bianchi». Plessy aveva ricordato che non esisteva questo divieto fino a quando l'Unione aveva mantenuto la legge in Louisiana, ma che il divieto era entrato in vigore quando l'amministrazione nordista aveva lasciato il potere nelle mani dello stato. Homer Plessy, un giovane ciabattino creolo di pelle particolarmente chiara, aveva volutamente sollevato il caso, sostenuto da un Comité des Citoyens di New Orleans. Fatto scendere dalla carrozza, aveva denunciato il giudice Ferguson della Louisiana che lo aveva condannato. Dopo anni di azioni legali, la suprema legge di Washington sanciva, prima di tutto, che Plessy era solo bianco per sette ottavi del suo sangue (quelli come lui erano detti «octoroon»), stabilendo quindi una differenziazione razziale; e che il divieto era giusto. Aggiunse la corte che negri (anche se solo per un ottavo) e bianchi non potevano usufruire degli stessi locali pubblici. La sentenza fu la base giuridica della segregazione, che durò fino ad un'altra sentenza, nel 1952, che dichiarava illegale la segregazione nelle scuole.

Il caso giuridico dei dagos era invece in via di formazione. Non bianchi, non neri, forse negroidi, discendenti dell'ignobile Annibale che aveva attentato alla grande Roma, sangue hamitico, non ariano, mafiosi, pronti al coltello, erano stimati buone bestie da soma per il lavoro nei campi, cattolici anche se particolari. E tanti, troppi. Il loro futuro, il loro diventare bianchi, dipendeva solo dalla politica. E loro volevano diventare bianchi americani. Nel 1896, appena cinque anni dopo il grande pogrom, sfilarono in massa per le strade di New Orleans sotto le bandiere di Umberto I re di Savoia, chiedendo la «dago clause», ovvero una clausola elettorale che permettesse loro di votare. In sostanza, di non essere trattati come i negri. E loro stessi si definivano «dagos».

Erano tempi incerti. C'erano alluvioni gigantesche, epidemie di febbre gialla, cotone e zucchero crollavano di prezzo ogni anno, piantagioni andavano in rovina. I neri, appena potevano, se ne partivano da quelle terre senza speranza e andavano in Kansas, dove li trattavano meglio, o in Oklahoma, o verso una metropoli lontana che si chiamava Chicago. Lì restava lo zucchero da tagliare, se no marciva; il cotone da raccogliere, se no marciva. E non si trovavano altro che siciliani per spezzarsi la schiena.

Come ve li immaginate, i nostri cefalutani? Timidi? Esperti? Rozzi? Io ce li ho come una fotografia sfocata. Giovani senza padrone. Me li vedo vaganti, che si fanno forza l'un l'altro, in mezzo a niente di bello, alla giornata. Senza donne. E siccome ormai so che fine hanno fatto, mi chiedo se avessero qualche presentimento. Se avevano pensato anche loro alle parole da dire prima dell'inevitabile corda al collo.

E così, prima di accompagnarli al loro ultimo appuntamento, dedico loro questa poesia. Fu scritta da Richard Wright, poeta nero, nato nel Mississippi nel 1908, ovvero pochi metri più in là e pochi anni più in là, della sede dell'ultima avventura dei nostri dagos. La poesia, che adesso compare addirittura in molti testi scolastici per gli studenti americani delle scuole medie, si chiama «Between the world and me» e descrive la scena di un linciaggio, come probabilmente la vide da bambino.

E all'improvviso una mattina nel bosco mi sono imbattuto
[nella cosa,
Mi ci sono imbattuto in una radura erbosa con querce rugose
ed olmi a sentinella.
E sono emersi i particolari anneriti dello scenario, ficcandosi
tra me e il mondo...

C'era il disegno di ossa bianche sonnacchiose dimenticate
su un cuscino di ceneri.
C'erano poi i resti carbonizzati di un arboscello che
[puntavano
un dito mozzo e accusatorio verso il cielo.
C'erano i rami strappati, le piccole vene di foglie bruciate, e
il rotolo bruciacchiato di corda unta;

Una scarpa vacante, una cravatta vuota, una camicia strap-
[pata, un cappello solitario e
un paio di pantaloni macchiati di sangue nero
E sull'erba calpestata bottoni, fiammiferi spenti,
cicche di sigarette e sigari, bucce di noccioline, una
fiaschetta svuotata di gin, e il rossetto di una puttana;
Tracce sparse di catrame, piume e penne svolazzanti nel-
[l'aria e
l'odore persistente di benzina.
E nell'aria mattutina il sole versava stupore giallo
nelle orbite svuotate del teschio impietrito...

E mentre me ne stavo lì la mia mente raggelata da una pietà
[fredda per
quella vita andata.
La terra mi afferrò per i piedi e attorno al mio cuore si
[innalzarono
le mura ghiacciate della paura –
Il sole si spense nel cielo; il vento notturno borbottava tra
[l'erba
e scompigliava le foglie tra gli alberi; il bosco si risuonò
del latrato affamato dei mastini; le tenebre
urlavano con voci assetate; e i testimoni si levarono
e presero vita:
Le ossa riarse si mossero, agitandosi si alzarono per fon-
[dersi alle
mie ossa.
Le ceneri grigie si trasformarono in carne soda e nera, ed
[entrarono nella mia
carne.
La fiaschetta del gin passata da bocca in bocca; i sigari le
[sigarette
si riaccesero, la puttana si imbrattò di rossetto
le labbra,
E migliaia di facce mi turbinarono attorno, insistendo a
[gran voce che
venisse arsa la mia vita...

E poi mi presero, mi denudarono, schiacciandomi in
[gola
i denti fino a quando non inghiottii il mio proprio sangue.
La mia voce annegò nel ruggito delle loro voci, e il mio
corpo nero bagnato scivolava e rotolava nelle loro mani
mentre mi legavano all'arboscello.

E la mia pelle si attaccava alla catrame bollente, che mi
         [si staccava di dosso
in mucchietti flosci.
E le piume e le penne bianche si affondarono appuntite
nella mia carne sanguinante e si levarono i gemiti della mia
         [agonia.
Poi una misericordiosa frescura sorprese il mio sangue, il
         [battesimo
della benzina.
E in una vampa rossa balzai verso il cielo mentre il dolore
         [si alzava come
acqua, bollendomi gli arti.
Ansimando, scongiurando mi aggrappai come un bambino
         [mi aggrappai ai roventi
fianchi della morte.
E ora non sono che ossa riarse e la mia faccia un teschio
         [impietrito che fissa
con giallo stupore il sole...*

---

* Traduzione di Pina Piccolo.

Capitolo nove
Sopralluogo e atti relativi

I «luoghi del delitto» sono luoghi come tutti gli altri, come quelli cantati da García Lorca.

El juez, con guardia civil,
por los olivares viene.
Sangre resbalada gime
muda canción de serpiente.
Señores guardias civiles:
aquí pasó lo de siempre.
Han muerto cuatro romanos
y cinco cartagineses.

Anche a Tallulah *«pasó lo de siempre»*. Morirono una capra e cinque siciliani. Capita.

Però, a Tallulah, il disagio viene al pensiero che sia stato il luogo del delitto a provocare il delitto stesso. Le grandi pianure vuote, le case isolate, la foresta, i bayou, quell'abitudine che qui tutti hanno, di cogliere con lo sguardo se una macchina è parcheggiata dove non dovrebbe, se una porta è socchiusa, ma non chiusa, se gli animali sono nervosi. Un senso di incombenza, di paura, per l'insolito e il diverso. E così andò con i nostri cinque disgraziati. Erano diversi, facevano paura e *the good people of Tallulah* si difese. Tutto qui, non c'è da fare tante elucubrazioni.

Ma poi ci sono dei dettagli che sembrano fatti apposta per infastidirti come se i fatti giocassero a nascondetti qualcosa.

Le capre, per esempio.

Le famose capre. Il dottore ne uccise una. E le altre: dove finirono? Quante erano? Caprette o caproni?

Perché a Tallulah non si trovava traccia di quel brillante-bottone, che uno dei Defatta era uso esibire e che invece era il maggior argomento di conversazione a Cefalù?

E poi, questo dottor Hodge. L'enigmatico dottor Hodge, il coroner del paese, arrivato da appena due mesi, che dovrebbe essere una persona di buon senso e invece ingaggia una sparatoria per futili motivi nella via centrale di Tallulah.

E l'unico sopravvissuto, Joe Defina, il marinaio che scampò alla battaglia di Lissa, che si salva dal linciaggio attraversando il Mississippi. Perché scompare dalla scena e non si fa vivo con le sue cognate? Lui era la star della vicenda – *the ace in the hole* – , eppure nessun reporter lo va a cercare.

Troppe zone oscure, che qualche volta si rischiaravano leggendo qualche giornale conservato in microfilm, aprendo i grandi libroni del censimento nella Madison Parish o visitando i lotti del cimitero di Vicksburg; ma poi, come l'ultima porta del solaio, si richiudevano, lasciandoti ancora più dubbioso di prima.

Per cui, l'unica cosa da fare è ripartire daccapo ed esaminare, per prima, la «verità ufficiale», quella che sta sui libri di storia e negli archivi delle relazioni diplomatiche tra Italia e Stati Uniti. Poi, vedere se i conti tornano.
Perciò.

L'Associated Press, il 21 luglio 1899 dette la notizia, ripresa dai giornali di mezzo mondo. Nel piccolo paese di Tallulah, Louisiana, cinque siciliani, di professione fruttivendoli, sono stati linciati da una folla che li ha prelevati dalla prigione. Erano accusati di aver mortalmente ferito, con un colpo di fucile, il coroner del paese, dottor John Ford Hodge. Una vendetta contro il dottore che aveva ucciso con la pistola la capra di uno di questi, infastidito dal fatto di trovarsela sulla veranda. La folla ha dapprima fatto giustizia dei due esecutori materiali, poi ha catturato gli altri tre. Il gruppo dei siciliani era malvisto nel paese, per l'arroganza e la violenza dei suoi comportamenti. Dopo una lunga assemblea si è deciso che anche questi andavano impiccati, in quanto partecipanti al complotto per uccidere il dottore.

Nei giorni successivi si viene a sapere che, nonostante le ferite, Hodge non è in pericolo di vita e che ben due Grand Jury tenutisi immediatamente a Tallulah hanno dichiarato impossibile l'individuazione dei colpevoli. Forte protesta diplomatica italiana a Washington, tesa ad ottenere la punizione dei colpevoli o comunque una ricompensa in denaro per le famiglie delle vittime.

Un accordo tra Italia e Stati Uniti viene trovato nel 1900 e annunciato nel discorso di fine anno al Congresso del presidente Mac Kinley che, condannando la pratica barbara del linciaggio, invita il Congresso medesimo a stanziare una ricompensa di 2.000 dollari per famiglia dei cinque linciati.

Con questo riconoscimento ufficiale, che l'Italia considera una grande vittoria di civiltà e la prova che il Regno sa difendere i suoi connazionali lavoratori all'estero, cala il sipario su tutta la vicenda.

A 115 anni di distanza, a Tallulah lo chiamano ancora «the incident». Tutti i più vecchi sanno che successe qualcosa, ma poco più. «Bucky» Weaver, la memoria storica del paese, per esempio, non è sicuro che si trattasse di capre. Secondo lui era un cane che abbaiava.

La scena del delitto, però, è ancora abbastanza simile: il centro di Tallulah, dominato dalla Courthouse, in pietra, con annessa prigione, nel cui cortile sorgeva il frondoso pioppo usato per i linciaggi (marcì nel 1927, ai tempi della disastrosa storica alluvione che tenne tutta la parrocchia di Madison sott'acqua per centoventi giorni; e fu tagliato). Davanti al palazzo di giustizia, una piccola statua al Soldato Confederato in un vasto prato quadrato, ornato da due splendide magnolie e le due strade teatro della vicenda. Cedar Street, su cui si allineavano vari negozi, un hotel e abitazioni (nessun edificio, allora come oggi, supera i due piani) e, ad angolo retto, la Front Street (oggi Snyder Street) davanti alla quale passano i binari della ferrovia e si alza il deposito dell'acqua.

In questo isolato si trova tutto il necessario alla nostra storia: il negozio di Frank Defatta, a due porte di distanza dallo studio-abitazione del dottor Hodge; il negozio del signor Kaufman, l'amico del dottore. Girato l'angolo, dietro al grosso emporio Adam and Ziegler, due piccoli locali – negozio e abitazione – di Joe e Charles Defatta, attaccati alla casa di Kaufman. La distanza massima tra i vari punti è di non più di 150 metri. Leggermente più lontana, praticamente accanto ai binari, la stamberga negozio di frutta e verdura di Rosario Fiduccia e Giovanni Cirami.

Il 20 luglio 1899 sul giornale di Vicksburg (il *Madison Journal* di quell'annata è purtroppo andato perduto nell'alluvione del '27) è descritto come la giornata più calda dell'anno (un anno peraltro disastroso per i raccolti, con una storica gelata che addirittura coprì il Mississippi di lastre di ghiaccio); la prima pagina riporta i prezzi del cotone e del granturco alla borsa di New Orleans e, tra le curiosità, la notizia dell'eruzione del vulcano Etna in Sicilia. Il 20 luglio è anche una delle due giornate mensili in cui, a Tallulah, la Corte è in «sessione permanente», con due giurie che discutono le cause, le controversie, le petizioni della parrocchia; è anche il giorno in cui si dichiarano i fallimenti, le bancarotte, si procede alle aste. Tallulah non ha un sindaco né un consiglio comunale, le maggiori autorità sono lo sceriffo Coleman Lucas e il procuratore distrettuale William Stone Holmes.

L'edificio e il suo prato sono anche il centro dell'attività politica: qui si votano gli sceriffi, i giudici, gli ufficiali giudiziari e quello sanitario, il capo dell'ufficio postale. Uno «sguardo sociologico» sulla contea registra invece una situazione in movimento. A trent'anni dalla fine della guerra, la produzione di cotone, allora azzerata, è ripresa con forza, ma sono cambiati i termini della proprietà della terra. I venti grandi latifondisti, possessori di migliaia di schiavi, hanno venduto, in genere a grandi banche, molta parte delle loro terre. In tutto il periodo della ricostruzione si sono susseguite bancarotte in serie, abbandoni, fallimenti di velleitari progetti cooperativi gestiti dagli ex schiavi. Le piantagioni si sono rimpicciolite e frantumate: la mappa ne indica ora almeno un centinaio. La violenza è molto diffusa e la distribuzione della ricchezza è uno scandalo sociale. L'élite della parrocchia, che abita in poche lussuose ville, condivide il territorio non solo con 12.000 negri in condizioni misere, ma con uno strato di contadini e commercianti – i ricchi li chiamano, disprezzandoli, *white trash* – che la crisi economica ha impoverito e incattivito.

L'animosità politica è particolarmente accesa. Un nuovo partito, i Populisti, chiede che lo stato della Louisiana finanzi i piccoli contadini in crisi, formando una sorta di Banca del popolo, o Tesoro Parallelo, che conceda prestiti per comprare terra e sementi. I Populisti, che si oppongono ai grandi latifondisti, vogliono allargare l'elettorato ai bianchi poveri e, addirittura, ai negri. Sette dagos nella parrocchia (non ci sono altri italiani oltre al clan Defina-Difatta) non sono poca cosa, visto che in tutta la Madison Parish hanno finora avuto il diritto al voto solo 378 persone e lo hanno esercitato in molti meno.

Dunque, abbiamo una grande folla quel giorno a Tallulah. Con ogni probabilità, si ricevono gli ospiti nei saloni della grande casa della signora Kate Holmes attaccata al Brush bayou. Insieme ai Sevier, gli Holmes sono la «grande famiglia» di Tallulah e la signora, madre del procuratore, è nota per aver pubblicato un suo diario sulle terribili vicende della guerra, quando gli schiavi vennero arruolati con la divisa degli Yankees, quando gli Holmes dovettero fuggire e seppellire nella foresta la loro argenteria.

I nostri connazionali, invece, stanno a bottega, vendendo i loro limoni, meloni, carciofi, pomodori secchi, olive e – alle persone fidate, perché è vietato dallo sceriffo – un fiasco di un liquore che fanno clandestinamente in casa, che poi sarebbe il limoncello. I dagos a Tallulah li conoscono tutti, e molti comprano da loro. Oltre al negozio, si muovono con muli e carretti e si sistemano per vendere davanti all'ingresso delle piantagioni, dove i mezzadri hanno il permesso di andare la domenica. Gli affari gli vanno bene, hanno anche due fazzoletti di terra e hanno assunto tre o quattro negri in bottega. Hanno anche fatto una cosa che qui non è affatto gradita. Merce a credito fino a quando non incassano il pattuito dalla mezzadria. I mezzadri che lavorano nelle piantagioni ricevono parte del loro salario in monete finte, che qui si chiamano «brozine», pezzi di latta su cui è scritto: «valido per un pezzo di carne», «valido per una polenta», che sono costretti a spendere negli spacci alimentari dei padroni delle piantagioni. Invece i dagos gli danno roba migliore, e anche un po' di liquore.

Così vanno gli affari dei Defatta. A fatica, ma stanno sul mercato. Sono diventati parte del paesaggio. Pagano le tasse, calcolate sulle loro proprietà: il negozio, tre muli, un cavallo. Risulta anche che Joe e Frank abbiano mandato 250 dollari a casa.

Se il «fruttivendolo siciliano» è una figura ontologicamente eterna – è quello che conosciamo nell'isola ancora oggi con la «lapa» e l'altoparlante; o allo svincolo di una tangenziale, sotto un ombrellone, con il ragazzino a fianco – dobbiamo riconoscere che è un tipo simpatico. Incarta e fa buon peso; conosce la seduzione che esercita un melone, un fico d'india, il succo di mandorla; ride con gli occhi e ricorda, questa volta senza fare paura, il famoso sguardo dell'ignoto marinaio di Antonello da Messina. Così dovevano essere anche i nostri. Anche perché, da un fruttivendolo cupo e spaventoso, nessuno va a comprare la frutta.

Io me li immagino come una curiosità in paese, una novità, una cosa esotica, come la tribù degli zingari di Melquiades nella Macondo dei Buendia.

L'antefatto, di cui nessuno fu testimone, fu dunque l'uccisione di una capra di Joe Defatta da parte del dottor Hodge, spazientito per il rumore dei suoi zoccoli sulla veranda. Saputo della cosa, Joe avrebbe apostrofato il vicino di casa con un minaccioso: «Avresti fatto meglio a uccidere me!», dopodiché, con i suoi fratelli si sarebbe riunito in segreto conciliabolo per studiare la vendetta. Il dottore, un uomo giovane e coraggioso, non ne fu per nulla spaventato. Anzi, la sera del 20 luglio, era passato insieme al suo amico Kaufman davanti alla bottega degli italiani (strada obbligata per andare a cena a casa Kaufman – ma si tratta pur sempre di cinquanta metri) e qui sarebbe stato aggredito. Si era difeso, ferendo Charles, ma il fratello Joe lo aveva gravemente ferito con una fucilata. Con il dottore a terra, la popolazione di Tallulah aveva preso in mano la situazione con il finale che sappiamo.

Le cronache dell'epoca aggiungono che Hodge e Joe Defatta si conoscevano bene; che il dottore aveva curato Joe per una infezione e che Frank gli dava la frutta senza farlo pagare. E quindi, perché Frank non legava le sue capre e non permetteva a Hodge di dormire? E di converso: perché Hodge improvvisamente vuole oltraggiare così il fruttivendolo?

Il problema non è da poco. L'oscura minaccia di Joe – «you betta killa me», «avresti fatto meglio a uccidere me!» – effettivamente però fa parte di un certo repertorio isolano. Rimanda al cane fatto trovare morto sulla trazzera, a scene che appartengono alla cosmologia, alle tribolazioni, alle violenze subite di un contadino siciliano. O di un sardo, visto che allora i criminologi italiani accomunavano le due isole in un'identica inferiorità. (Per esempio, ancora adesso nelle cantate popolari che rievocano le gesta del famoso bandito Grazianeddu Mesina, si narra del suo primo delitto. Il padrone di un orto aveva ucciso il cagnolino di Grazianeddu. Perché l'hai fatto? gli disse Grazianeddu. Aveva mangiato la mia uva, disse il padrone. Non è vero, disse Grazianeddu. Ma volle essere sicuro e quindi con un coltello tagliò la pancia della povera bestiola, ma dentro non c'erano acini d'uva. Avuta la prova della sua menzogna, Grazieneddu ammazzò il padrone dell'orto).

Ma questa era l'unica versione dei fatti, dal momento che chi avrebbe potuto fornirne una diversa era stato ucciso. Quindi restano gli interrogativi: perché Hodge è improvvisamente così impulsivo; perché Joe non va dallo sceriffo; perché le capre non erano legate (Hodge dice di avere avvertito Joe più volte); di quante capre si parla: due, tre, o più? Le capre sopravvissute non compaiono mai sulla scena, né vive né morte; non compaiono neppure tra i beni messi all'asta dopo la morte dei fratelli. Non compaiono nella loro denuncia dei redditi, dove gli animali fanno parte delle proprietà da dichiarare. Però, tra le righe di una cronaca di uno dei giornali scandalistici che giunse a Tallulah nei giorni successivi alla strage, si fa un vago riferimento a un'altra versione. Dopo l'uccisione della capra da parte del dottore, sarebbe stato lo stesso Joe ad uccidere le altre due (dunque erano tre); non si capisce se per pazzia e disperazione, o per mostrare così di voler espiare e di voler riconoscere lo sbaglio commesso. Ma, se fosse così, tutto l'impianto ufficiale della storia verrebbe inficiato. E noi siamo indecisi se spingerci fino a tanto. Addirittura all'inverosimile: che tutta questa storia di capre non sia mai successa.

Arriviamo così alla scena madre, la sparatoria contro il dottor Hodge. Non fu questione di un attimo, non fu un raptus. Anzi, fu una surreale storia al rallentatore. Questo è quanto Hodge stesso raccontò, una settimana dopo, ad un giornalista di Vicksburg:

> Diverse volte durante la giornata, i miei amici mi avevano avvertito dei propositi degli italiani. La sera mi stavo recando a casa del signor Kaufman, dove ceno abitualmente. Ho girato l'angolo e ho visto Charles Di Fatta, che già mi aveva incrociato quella sera, e che mi aveva parlato in maniera amichevole dai gradini di casa sua. Non mi aspettavo nessun problema, ero proprio davanti a lui quando tirò fuori un coltello che teneva nascosto nella manica della giacca e, senza dire una parola di avvertimento, mi si buttò addosso.
> Io lo buttai giù con un pugno e lo tenni a terra con una mano, mentre con l'altra cercavo la mia pistola. Estrassi l'arma, ma se ne venne insieme alla fondina ed ebbi bisogno di ambo le mani per liberarla, così lo dovetti lasciare libero. Allora colpii Charles con un colpo della pistola ancora nella fondina, usandola come una mazza.
> Mi voltai e vidi Joe DiFatta venire verso di me e gli sparai un colpo. Poi colpii di nuovo Charles in testa, facendolo stramazzare. Poi sentii un negro che diceva: «Attento, dottore! Joe ti vuole sparare». Mi guardai intorno e vidi Joe Difatta nel vano della porta della sua bottega con un fucile puntato su di me.
> Dopo il colpo sparato, la mia pistola si era inceppata, e visto che Joe stava mirando allo stomaco, strinsi il cappot-

to sopra l'addome e incrociai sopra le mani, pur sempre tenendo la pistola in vista.

Joe sparò. Il colpo mi fece cadere, mi rialzai e tornai verso il mio ufficio per cercare un'arma che funzionasse, quando vidi gli altri tre italiani venire verso di me, pesantemente armati. Qualcuno mi gridò di entrare dentro, ma io rimasi dov'ero.

I tre italiani che stavano avanzando verso di me vennero fatti prigionieri.

Nessuna giuria assolverebbe il dottor Hodge con una simile testimonianza, il Grand Jury invece trovò assolutamente comprensibile che il popolo di Tallulah fosse convinto di una congiura ordita ai danni del dottore.

Ma – e ammetto candidamente il mio sospetto – io sono convinto che le cose non siano andate così. Ed ora che cammino per le strade di Tallulah, spero di trovare qualcosa che dopo un secolo mi provi che non ci fu complotto, che i miei *underdogs* di Cefalù furono dei martiri, che ci sia una giustizia da ristabilire.

Da mesi sono in corrispondenza con la professoressa Cynthia Savaglio. Avevo trovato il suo nome nel decisivo saggio del professor Edward F. Haas sul linciaggio di Tallulah, del 1982. Savaglio veniva ringraziata come la fonte della ricevuta della ditta di onoranze funebri Fisher, una fotografia che prova il trasporto dei resti umani dei cinque uccisi da Tallulah a Vicksburg, pagata dall'agente consolare italiano Natale Nat Piazza. Le avevo scritto una mail e avevo così scoperto che la professoressa Savaglio era la maggior conoscitrice del delitto di Tallulah. Professoressa all'università di Tampa, in Florida, storica e sceneggiatrice, discendente da immigrati calabresi, Cynthia aveva setacciato archivi, giornali, discendenti dei Defatta, denunce fiscali, pendenze penali, liste di passeggeri sulle navi, qualsiasi cosa potesse servire per raggiungere una verità più profonda su quanto era successo.

Dall'inizio del 2014, Cynthia mi fornisce documenti, indicazioni, intuizioni, ed è quindi normale che a Tallulah faccia con lei – si può fare con iPhone e WhatsApp – il sopralluogo sulla scena del delitto.

Quello che segue dunque è un rapporto fatto a quattro mani. Anzi, a tre più una.

Prima di tutto, la cronologia dei fatti.

La capra, o le capre – non si sa – viene uccisa dal dottor Hodge nelle prime ore del mattino del 20 luglio.
L'incidente tra Charles Defatta e Hodge avviene a distanza di circa dodici ore, dopo che il dottore ha finito di cenare a casa di Kaufman, probabilmente tra le 17 e le 19 del pomeriggio, con il sole ancora alto.
Charles e Joe vengono presi subito e uccisi poco dopo.
Rosario Fiduccia, Frank Defatta e John Cirami vengono arrestati appena arrivati, come tutti, sulla scena della sparatoria; portati alla prigione e messi sotto custodia dello sceriffo Lucas. Lucas viene «cortesemen-

te e fermamente consigliato» di consegnare le chiavi al gruppo dei futuri linciatori intorno alle 21,30. Frank e Fiduccia vengono appesi al pioppo nel cortile della prigione tra le 10 e le 11 di sera, quando ormai è buio.

C'è una lunga discussione tra il popolo di Tallulah su cosa fare dell'ultimo siciliano, il giovane Giovanni John Cirami, ma alla fine si decide di impiccare anche lui. L'impiccagione avviene «nelle prime ore del mattino», tra mezzanotte e le due.

Nelle stesse ore, parte la «posse» per andare ad uccidere Joe Defina e suo figlio a Milliken's Bend. Questa parte del progetto, però, come ormai sappiamo, non va in porto.

In tutto, la tragedia dura poco meno di ventiquattro ore e coinvolge tutto il paese.

«Joe e Charles vennero presi subito».

Certo, ci doveva essere molta gente intorno.

Dunque, il dottore ferito torna a casa sulle sue gambe. Charles Defatta, che è il più vecchio di tutti, 54 anni, e l'ultimo arrivato, non parla una parola d'inglese, è stato colpito ripetutamente al cranio dal calcio della pistola e dai pugni del dottore. Riesce a rialzarsi, entra in casa e si nasconde sotto il letto.

Joe, invece, molla il fucile e attraversa la strada, entra nella casa dei Kaufman e si nasconde dentro la canna del camino in mattoni. Ma qui lo raggiungono subito, sparano dentro il camino e lo estraggono semi incosciente.

Sia Charles che Joe vengono portati subito allo scannatoio. Un centinaio di persone, in corteo. È escluso che possano aver detto qualcosa o fatto resistenza. Charles ha la testa fracassata, Joe, probabilmente, è stato trascinato. Charles viene appeso per primo e tirano la puleggia con tanta forza che gli sfasciano il cranio contro l'architrave. Joe viene appeso, forse, addirittura già morto.

Rosario Fiduccia, Frank Defatta e il giovane John Cirami sono in una stanza della prigione. Probabilmente non sanno che cosa è successo agli altri due, o forse glielo hanno detto. Ma sicuramente ci deve essere stato un dialogo tra loro e i loro prossimi assassini, se persino il *Giornale di Sicilia* dice che prima provarono a chiedere perdono e poi salirono sulla forca maledicendo i vili cani assassini. Secondo una cronaca americana, invece, Rosario dice: «La società vendicherà il male che mi avete fatto» (la società è interpretata dal giornalista come sinonimo della mafia, e quindi la sua frase è sinonimo di colpevolezza), e Frank ha invece ultime parole di pacificazione: «Andiamo ragazzi, siamo tutti amici, ci conosciamo da sei anni», alle quali, forse perché toccano un nervo troppo sensibile, segue lo strappo della corda. Però è anche vero che a Frank avevano dato un sigaro, che tutti quelli che erano sotto quel pioppo si conoscevano, per cui la scena in quel cortile, con la notte che cala, me la immagino rumorosa, rauca, sudata, ubriaca.

E soprattutto lunga. Passa più di un'ora da quando

Lucas consegna le chiavi. Non sappiamo che cosa sarà successo.

Interrogati, schiaffeggiati, perquisiti, scherniti.

Loro avranno chiesto qualcuno? Qualcuno che li difendesse? Avranno chiesto il prete? (C'era un prete, quel giorno, in città).

C'è gente che entra e esce, irrompono nel loro negozio. Vanno a cercare la corda. Si passano la bottiglia di whisky. Ci sono cavalli e cavalieri che vanno e vengono.

Quella era la giustizia di Tallulah; non era previsto l'avvocato. La folla faceva tutte le parti – l'accusa e la difesa; qualcuno li difese, forse era addirittura previsto, ma poi dovette accettare di essere in minoranza.

Se da bambini erano stati in Duomo a Cefalù, se avevano partecipato al paese alle cerimonie di Pasqua, Defatta, Fiduccia e Cirami avranno avuto in qualche parte del loro cervello il Calvario, la processione, gli sputi, ma anche quello che ti asciuga la faccia dal sangue; e alla fine, la sensazione che solo un miracolo li poteva salvare. Ma i miracoli non succedono: lo sceriffo non sarebbe arrivato, il suo vice piuttosto faceva parte dei linciatori. Il procuratore, che sapeva tutto, stava probabilmente bevendosi un cognac nella sua grande casa, con la madre, a commentare della barbarie della folla e del pericolo che quei dagos avevano causato.

E così Frank se ne salì in cielo con quelle poche parole sulla forza dell'amicizia, quella scommessa su un fondo di umanità che esiste in tutti; quel suo «vi conosco tutti da sei anni, siamo tutti amici» era quasi più bello di quel «padre perdona loro perché non sanno quello che fanno».

E bisogna anche dire che le parole di Frank lasciarono il segno, perché furono i linciatori stessi a raccontarle. Quasi ci tenessero a lasciare di Frank un buon ricordo.

Restava John Cirami. 22 anni, nipote di Frank che lo aveva fatto venire da Cefalù a «dare una mano». Era da appena due mesi a Tallulah.

Tutte le volte che lo nomina, Cynthia Savaglio scrive sempre: «il povero Giovanni».

Il ragazzo, che ci immaginiamo coi riccioli neri. Il paesano che fa fatica a leggere e scrivere, che porta il carretto dei meloni a vendere ai negri, che si sarà stupito di quelle distese di cotone che a luglio sono un mare di fiori bianchi, che sarà andato in barca sul bayou a caccia di alligatori.

Il povero Giovanni. L'innocente.

Giovanni, secondo le cronache, non disse niente. Parlarono per lui dalla folla: Risparmiatelo! È un ragazzo! Lui non c'entra!

Ma, se complotto era – e i linciatori ben sapevano che tutti i dagos erano una mafia –, come era possibile che lui non ne facesse parte? E non l'avevano fatto venire apposta dalla Sicilia, per aumentare il loro potere? E non era questa l'occasione di liberarci una volta per tutte da questa razza subdola che ci inquina? Una sola goccia di sangue – ricordatelo – può inquinare l'acqua più limpida! Crescerà e farà «vendetta»!, potete esserne sicuri.

E così il povero Giovanni se ne salì sulla forca, ultimo dei cinque, a notte fonda.

Al povero Giovanni, è capitato però di aver visto cambiato il suo destino. In un piccolo, delizioso libro per ragazzi – *Alligator Bayou* – scritto da Donna Jo Napoli, linguista e scrittrice di fiabe tradotte in tutto il mondo, Giovanni rivive con il nome di Cirone, è diventato più giovane, sui quattordici anni, è arrivato da Cefalù seguendo i suoi zii e i suoi cugini. Nella fiaba, che ripercorre fedelmente la tragedia del linciaggio di Tallulah, il piccolo Cirone, però, ha una colpa: suo zio Giuseppe gli aveva raccomandato, prima di andare a dormire, di legare i piedi delle capre, perché il dottore si era lamentato del fracasso che facevano sulla sua veranda. Ma Cirone se n'era dimenticato. Le capre, nella fiaba, sono due: «Bedda» e «Bruttu», ma bastava legare i piedi di Bedda, perché Bruttu era abituato ad andare dietro a Bedda.
Ma Cirone se n'era dimenticato, ed ora i suoi zii penzolavano da una forca. Lui, Cirone, si salvava perché una bambina nera – e poi un indiano, e poi una insegnante che gli aveva dato lezioni di inglese –, lo aiuta a scappare: via, via, verso posti meno selvaggi, meno barbari, meno cattivi, verso quella contea incantata dove crescono le fragole, Tangipahoa, nella città di Independence, dove le strade hanno i cartelli scritti in siciliano.

Non andò così, però è stato bello che qualcuno l'abbia immaginato.

La storia era talmente un incubo, che meritava una fiaba.

Quanto a noi detective, ci sentiamo però incaricati di dare un secondo verdetto, di arrivare perlomeno ad una giustizia postuma.
E, sia Cynthia Savaglio che io siamo d'accordo che la chiave di volta è il dottor Hodge.

Purtroppo, di questo strano personaggio non si sa molto di più. Non esiste una sua foto; nessuno lo intervistò. Strano, visto il fiume di inchiostro che sui fatti di Tallulah venne versato. Negli archivi della Corte a Tallulah l'unico documento che rimane è il suo decreto di assunzione come medico condotto e coroner per la cifra (non piccola) di duemila dollari l'anno, datato aprile 1899. Posto che lascerà nel settembre 1899, per ritornare nella sua cittadina natia, vicino a Monroe, dove poi vivrà il resto della sua vita e morirà nel 1915.

Tre giorni dopo il linciaggio, il *New Orleans Times Democrat*, il quotidiano che più aveva «apprezzato» la reazione di Tallulah alla inquietante presenza dei siciliani in paese, aggiungeva però qualche elemento sulla sua personalità. Lo definiva un «gentiluomo gioviale e intellettuale, molto versato nella professione di medico e chirurgo» e ricordava soprattutto suo padre, che era stato una persona famosa. «Robusto predicatore della Chiesa metodista era noto come "The Fighting Father", il prete combattente, e aveva guidato due Compagnie nella guerra, facendosi conoscere per la sua galanteria, la sua calma e fermezza. Queste caratteristiche, certamente il dottore le ha ereditate dal padre. Si diceva del vecchio Father Hodge che se non fosse riuscito ad invocare la grazia di Dio dentro di te, avrebbe fatto in modo di spingertela dentro a frustate. Da un ceppo così, come un grosso pino di montagna, è sorto il dottore. Il suo senso di appartenenza al territorio, la sua ambizione ad eccellere, l'hanno spinto al fronte. È amico di tutti, incessante nel lavoro, senza attimi di pigrizia».

Di ceppo simile, aggiungeva il giornale, era la moglie, «la signora Milling, figlia di John H. Milling, il fratellastro del Capitano W.T. Theobolds di Ouachita, che tutti coloro che si sono opposti alla Ricostruzione conoscono bene. Il vecchio Milling perse una gamba nella battaglia di Malvern Hill, combattendo con il Secondo Louisiana. Una famiglia di indeflettibile coraggio».

Savaglio, studiando gli archivi di mezza Louisiana, ha scoperto che il nostro dottore aveva quattro sorelle e tre fratelli e risultava in pessima posizione nell'asse ereditario. La sua prima moglie, Sallie, era morta nel 1889. La seconda – di cotanta stirpe di combattenti – non l'aveva seguito a Tallulah, forse perché non andavano d'accordo (Cynthia sospetta fortemente che Hodge avesse un pessimo rapporto con l'alcool), forse perché Tallulah era un posto troppo pericoloso. Come coroner, chiamato a dare un parere sulle «cause di un decesso», Hodge nei suoi sei mesi di lavoro a Tallulah, intervenne solo tre volte. Poco, sicuramente, vista la fama di luogo violento che la cittadina aveva. Sarebbe stato chiamato anche a certificare la morte di un negro? Di un linciato? (Paradossalmente, se non fosse stato ferito, sarebbe toccato a Hodge certificare le cause del decesso dei cinque siciliani. E non venne nominato nessun sostituto).

Hodge si era laureato a New Orleans, senza particolari meriti. È probabile che il suo pedigree, più che i suoi titoli, abbia convinto lo sceriffo e il procuratore della parrocchia di Madison ad affidargli il delicato incarico di coroner, in un luogo («il fronte») in cui la principale missione era quella di arginare, con ogni mezzo, la supremazia numerica dei negri.

Si può poi aggiungere che i siciliani per Hodge non dovevano essere ignoti, dal momento che nel suo ambiente si respirava il mito della grande battaglia di Malvern Hill. Lì infatti, inquadrati nel Decimo Louisiana, morirono combattendo anche 318 soldati appartenenti all'esercito borbonico, dei duemila che, ai tempi di Garibaldi, avevano preferito arruolarsi con la Confederazione che essere internati nelle prigioni dei Savoia. (Curioso: fu un accordo privato di Garibaldi con un avventuriero che aveva conosciuto ai tempi del suo esilio a New York. Glieli vendette, e partirono su quattro navi da Palermo verso New Orleans, insieme ai primi carichi di limoni).

Detto in breve, io mi sono fatto l'idea che Hodge sia stato un consapevole, freddo, agente provocatore usato da chi voleva eliminare i siciliani dalla parrocchia.

Con Cynthia Savaglio abbiamo scambiato numerose mail su questo aspetto.

C'è una prima cosa che alimenta il sospetto. Quando si trattò di dividere i beni dei Defatta, Hodge non solo ottenne un orologio d'oro a ricompensa del suo, rotto dalla fucilata, ma ottenne anche dieci dollari che Joe gli doveva per l'acquisto di un cavallo. Dunque i due erano in rapporti d'affari, e Joe era suo debitore.

Questo episodio getta una luce diversa sulla famosa frase di Joe: «you killa my goat, you betta killa me». Joe voleva dire: non solo mi stai addosso per quei dieci dollari del cavallo, ma adesso hai anche ucciso la mia capra, che per me è un mezzo di sostentamento. Allora, davvero ce l'hai con me!

Hodge dice che i siciliani erano armati, ed è probabile che fosse così, perché a Tallulah a quei tempi – dice Savaglio – tutti portavano un'arma e il livello di violenza era altissimo. È anche possibile, aggiunge, che sia davvero successo che Joe abbia ucciso un negro che voleva rubargli un melone, come dissero i cittadini di Tallulah per ricordare la sua pericolosità e innata violenza. Sappiamo che aveva un'arma, denunciata tra le sue proprietà. Ma, personalmente, credo che quell'episodio non sia successo. In tutti i casi di linciaggio, la vittima è accusata, in genere, di stupro di una donna bianca, anche quando questo non è avvenuto; se Joe avesse sparato a un negro, gli abitanti di Tallulah gli avrebbero offerto da bere. È possibile che l'episodio invece sia stato ingigantito; che Joe abbia sparato per difendere il suo negozio, o che abbia minacciato il ladro di sparare.

14 marzo 1891. La folla assalta la prigione di New Orleans per uccidere i dagos. Undici immigrati siciliani, assolti dall'accusa di aver ucciso il capo della polizia, vennero trucidati ed esposti al pubblico. (Nella foto: la copertina de *Il secolo illustrato*).

Il saloon di Sam Scurria, emigrato da Cefalù, il primo italiano ad avere successo a Tallulah. Saloon e negozio di alimentari vennero inaugurati nel 1915, a poche centinaia di metri di distanza dal negozio dei fratelli Defatta.

Cedar Street, Tallulah, il luogo dove sorgeva il negozio di Joe Defatta. Il «Tallulah Club» venne costruito ai primi del Novecento e divenne sede del «circolo della buona lettura». In seguito, fu abbandonato.

Pat Henry. Discendente diretto dell'omonimo eroe della Guerra di indipendenza, nato nel 1861, avvocato, fu il primo a recarsi da Vicksburg a Tallulah e a rendersi conto della strage. In seguito divenne giudice distrettuale e deputato al Congresso per il Partito democratico.

Raphael Romano, commerciante di frutta e verdura a Vicksburg, rilevò i debiti di Joe Defatta. Era socio in affari di Joe Defatta e Joe Defina.

Natale (Nat) Piazza. Milanese di nascita e console italiano a Vicksburg. Proprietario di un noto albergo cittadino e tra i cittadini «prominenti». Si recò, impaurito e molto di controvoglia, a Tallulah per indagare sul linciaggio e si mostrò propenso a giustificarlo.

Mary Grace Humiston Quackenbos. Avvocato di New York e difensore delle cause dei poveri, entrò, prima donna, a far parte dell'ufficio del procuratore federale. Detta «lo Sherlock Holmes» americano, nel 1907 si recò in incognito nelle piantagioni del Mississippi e documentò la condizione di neo-schiavitù degli immigrati italiani.

Antonina (Lena) Immiti, moglie di Joe Defatta e cognata di Joe Defina, a Cefalù al tempo della strage. Non credette alla versione ufficiale, né a quella del cognato con cui ebbe un lungo contenzioso legale. Nel 1910 si recò a New Orleans con il figlio Nicolò, 10 anni, che diede origine, sposando Concetta (Katie) Immiti in Texas, alla discendenza dei Defatta in America.

Proviamo a pensare a Joe, quella mattina. Già è in cattive condizioni finanziarie, e adesso anche uno dei più importanti uomini del paese si scaglia contro di lui, ammazzandogli la capra. Non sa che cosa fare; è anche possibile che si sia offerto di uccidere lui stesso la seconda capra, pur di evitare peggiori conseguenze.

E adesso invece, vediamo cosa fa Hodge. Si è dimostrato un vero uomo, ha ucciso la capra del dago. In paese arrivano da tutto il contado per il «giorno della corte» e la capra uccisa è l'argomento del giorno. Ben fatto, dottore! Hai dato una lezione a quei dagos! Offriamo da bere al dottore! Quella gente dovrebbe essere cacciata dal paese!

Mai come in quel giorno Hodge si deve essere sentito un eroe.

Mail mia a Savaglio: «È normale che Hodge indossasse un cappotto il 20 di luglio?».

Risposta: «No, non è normale. Secondo me, il cappotto gli serviva per nascondere la pistola. Si era vestito preparato, come se andasse a un duello».

Hodge, il figlio del Predicatore, entra e esce dai bar, stringe mani, è davvero la sua giornata... E, prima o poi, sa che dovrà incontrare i Defatta. Quando arriva il momento, è probabile che in strada ci siano già decine di persone che attendono la scena madre. Hodge ha detto che per tutto il giorno gli giungevano voci dei propositi violenti dei siciliani contro di lui. È più logico pensare che per tutta la giornata sia stato spinto – dal «popolo» – a fare qualcosa, a mostrarsi uomo, ad essere l'erede di suo padre.

Quando arriva con Kaufman, che chiaramente è al corrente dei suoi propositi, davanti al negozio, è lui che attacca per primo Charles Defatta, che davvero non è in condizioni di aggredirlo. Gli spara per ucciderlo: una, due volte. Lo colpisce a pugni in testa. La gente è lì intorno ad assistere e lo incita. Tutto è tremendamente goffo. La fondina, la pistola, la lentezza esasperante della scena.

Joe Defatta si sente crollare il mondo addosso, ma soprattutto vede suo fratello maggiore ferito in mezzo alla strada, con il dottore che cerca la maniera migliore per finirlo. È solo a questo punto che entra in casa e prende lo schioppo. Tutto è lento, Hodge è addirittura avvertito dal ragazzo negro, ha tutto il tempo di coprirsi...

È stata una provocazione a freddo?

Sì, questa è per lo meno la mia conclusione.

Una Cavalleria Rusticana al contrario. Il dottore che doveva provare di essere uomo, i commercianti di Tallulah che non vedevano l'ora di liberarsi della concorrenza, i Defatta che cascano nella trappola che gli hanno preparato.

Nelle lunghe ore dopo il linciaggio dei cinque, Hodge fa ancora la sua parte: quella dell'eroe morente, o addirittura già morto. La vittima da vendicare.

Poi scompare dalla scena, quasi non serve più. Lui, che con il suo coraggio ha salvato Tallulah dalla mafia siciliana, guarisce rapidamente dalle sue ferite e, appena può, lascia il paese.

E da Tallulah, e dal resto del mondo, fu immediatamente dimenticato. Morì a Downsville, vicino a Monroe, oscuro medico di paese, nel 1915.

I corpi dei dagos rimasero appesi tutta la notte, dove vennero visitati e tormentati dai cittadini che controllarono la loro pelle scura, i loro genitali, le loro labbra tumide; la mattina vennero deposti in cinque casse di legno aperte e messi in bella vista alla stazione ferroviaria di Tallulah. Fu lo spettacolo che si presentò la mattina del 21 luglio ai primi viaggiatori che passarono o si fermarono sulla Shreveport-Monroe-Vicksburg-Jackson Pacific Railroad.

Mi sento, sulla base delle notizie che ho potuto raccogliere, di potere affermare che i cinque siciliani non vollero mai complottare contro il dottore, che non erano affiliati a nessuna società segreta, che non erano per natura delle persone violente; e di converso che furono, essi sì, vittime di un complotto orchestrato che – per ingenuità – non sentirono arrivare e che li colse del tutto impreparati.

La deposizione dei cadaveri fu un atto di sfida e di protervia. Ma, probabilmente, se fosse riuscito il progetto di eliminare dalla parrocchia tutti gli italiani, la strage stessa non sarebbe stata scoperta. Questa è perlomeno la tesi di due giornali, il *Vicksburg Evening Post* e la rivista *Harper's Weekly*, stampata a Boston, che dedicò al caso l'unica seria inchiesta e a pubblicare (unica) le fotografie di tre delle vittime.

L'articolo di *Harper's Weekly* – intitolato «La vergogna di Tallulah», a firma Norman Walker, che doveva davvero essere un notevole giornalista, dopo aver ricordato che i siciliani erano «di istruzione superiore alla media degli abitanti di Tallulah», si chiude così:

Quando il padrone di una piantagione venne ucciso da un negro nel 1894, nove negri vennero linciati a Tallulah, e poco dopo un negro venne linciato per aver ucciso un bianco. Gli avvenimenti di oggi portano alla luce il fatto che nella parrocchia di Madison ci sono stati diversi linciaggi di cui non si è avuta notizia; uno appena alcuni mesi fa, nella cittadina di Omega.
Quando gli italiani arrivarono qui, pochi anni fa, erano un gran mistero per gli abitanti della parrocchia. Come un pipistrello, erano difficili da classificare, e tutto era reso ancora più complicato dal fatto che gli italiani trattavano prevalentemente con i negri e avevano con loro rapporti di parità. Quindi non potevano essere classificati come «uomini bianchi», e nello stesso tempo non erano certamente negri. Era difficile stabilire come trattarli. Alla fine il problema è stato risolto. Hanno avuto la giustizia che spetta a un negro che aggredisce o spara a un bianco. Il linciaggio, non un processo. Questi bianchi che governano e amministrano Madison non vogliono italiani nelle loro fila.

Il piano avrebbe anche potuto funzionare, se non fosse stato per il coraggio di tre abitanti di Tallulah. I due fratelli Ward corrono a cavallo verso Milliken's Bend ad avvertire Joe Defina; il dottor Gaines, che immediatamente capisce che Hodge non è in pericolo di vita e cerca, senza riuscirvi, di impedire almeno l'uccisione di Cirami, venuto a conoscenza dell'«editto» – la decisione di sopprimere tutti gli italiani dalla contea di Madison – anche lui corre a Milliken's Bend, dove la «posse» ha già circondato la casa di Defina, e si pone come mediatore. Alla fine riuscirà ad ottenere tre ore di tempo per l'ultimo siciliano per scappare in canoa e rifugiarsi a Vicksburg, nello stato del Mississippi.

Dove si dimostrerà un sopravvissuto molto, molto ingombrante.

Vicksburg era allora una città cosmopolita, borghese e benestante. La sua caduta dopo il lungo assedio portatole dal generale Grant, era stato l'inizio della disfatta finale per i Confederati, ma la città aveva riconquistato presto il suo ruolo e la sua ricchezza. Costruita su colline scoscese che scendevano a picco verso l'acqua (in questo, ai nostri cefalutani avrà certo ricordato la loro città natale) sfoggiava monumenti di grande suggestione. Il palazzo di giustizia, in pietra, marmo e granito, una sorta di pantheon, dominava il paesaggio, insieme a chiese dalle vetrate istoriate, a una delle prime sinagoghe d'America, negozi con insegne scritte con gli antichi caratteri gotici tedeschi, un hotel alto dieci piani, palazzi per congressi e riunioni, la grande Camera di commercio, il mondo dei casinò sui battelli ormeggiati. Lungo il fiume, un mercato degno di New Orleans, con i banchi di frutta, verdura, grano, sementi, pesce, carne, trasportati dai luggers, dalle chiatte e dai mastodontici steam boats, che quasi viaggiavano al pelo dell'acqua sotto il peso di 10.000 balle di cotone. I vicksburghesi erano conosciuti come grandi commercianti e notevoli finanzieri e nella città, fin dai tempi della guerra, si era stabilita una colonia italiana, con diverse decine di famiglie. Arrivati poveri, gli italiani erano stati duramente colpiti da un'epidemia di febbre gialla negli anni Ottanta, ma avevano saputo riprendersi. Nel 1896 la comunità italiana aveva offerto un ballo in maschera in occasione del Mardis Gras, che le cronache mondane avevano lodato come il più ricco ed elegante. Gli italiani vantavano i Brunini, con il loro importante studio legale, i Romano, importatori di frutta, i Pichetto, i Guido, i Botto. A rappresentare il Re d'Italia in quelle terre così lontane era l'addetto consolare cavalier Natale (Nat) Piazza, di famiglia milanese, proprietario dell'Hotel Piazza nella principale via Washington, pubblicizzato come un albergo «di impianto europeo, con camino in ogni stanza e senza sovrapprezzo per il riscaldamento». I nostri modesti Defatta, per i loro affari dipendevano da Vicksburg. Non solo compravano la frutta da Raphael e Vincent Romano, originari di Salerno, e dal loro socio, il tedesco Sol Fried, ma ai Romano si erano anche rivolti in un momento di difficoltà. Era successo che Joe fosse stato denunciato da Fried perché non gli aveva pagato della merce e che Frank aveva comprato la casa-negozio di Tallulah, ma aveva fatto il passo più lungo della gamba e non aveva i soldi per pagare le rate. Era allora subentrato nella proprietà Raphael Romano, cui Frank pagava una forma di affitto. Non solo, ma Frank era diventato una specie di impiegato di suo cognato Defina, anche lui in rapporti di affari con i Romano. (È in occasione di quel nuovo assetto societario che Defatta e Fiduccia si recano, con Romano, dal fotografo della città, per sancire il loro nuovo status sociale).

Quando il sopravvissuto di Tallulah sbarcò a Vicksburg e diede la notizia, per i Romano non si trattava solo di una tragedia umana, ma anche di un forte danno economico.

Capitolo dieci
La deposizione

Ci hanno messi giù che stava venendo il primo sole, e almeno ci hanno messi insieme. Guarda: tutta la famiglia riunita, sembra di essere alla festa di Cefalù!

Ma ci dovete scusare per come siamo.

Ci hanno buttato come cani, tra quattro assi di legno. Siamo tutti sporchi, accartocciati, mezzi nudi.

Si sono divertiti a spegnerci il sigaro nella carne, a sputarci. È venuto uno da fuori, mai visto prima, con la macchina fotografica e il treppiede. Ci ha fatto le fotografie da morti, ma non sapeva nemmeno chi eravamo. Anzi ha detto: ma questi non sono niggers. E chi sono? Ah, sono dagos. Ma non gli interessava nemmeno. Non abbiamo più nome. La prima volta che avevamo fatto la fotografia eravamo elegantoni con la cravatta e il cappello, adesso guarda come ci hanno ridotti.

Animali sembriamo.

Ci guardano come bestie catturate, come gli orsi della foresta. Siamo il loro bottino, pieni di terra anche nella bocca e nei capelli.

Ora stiamo qui un po' in mostra e poi ci buttano via; ci vanno a bruciare, come fanno con i negri. Niente camposanto, niente croci, uno vale l'altro. Tutti dimenticati. Perciò fate attenzione, perché è l'ultima volta che potete sentire la storia nostra.

Io sono Joe

Io sono quello che chiamavano Joe. Giuseppe Defatta di Cefalù. Io sono quello che aveva le capre che hanno provocato tutta questa camurrìa.

Ho consumato la mia famiglia, l'ho portata alla rovina. Adesso senza di me sono tutti finiti, lascio al paese mia moglie e mio figlio che si chiama Nicolò, come mio padre Nicolò Defatta; lascio mia moglie Antonina. Nico l'ho visto troppo poco, aveva appena un anno prima che tutti partissimo. Dieci anni!

Sono caduto proprio sulla fine, all'ultimo giro. Peccato di superbia, pensavo che ormai non mi toccava più nessuno, che di protezione non avevo più bisogno. Però pensavo che ce la facevo, mancava poco, il business andava bene, avevo fatto le carte con la legge, eravamo onesti. Io me lo vedevo: Defatta Saloon and General Store, scritto sul muro, come quello che mio cognato ha a Milliken's Bend, ma più grande, con la licenza anche per vendere i liquori. Sì, lo so che ero salito troppo in alto, come le scimmie mi hanno visto il culo; ho fatto vedere che avevo dollari in tasca, mi sono fatto il vestito bello per la domenica, ho comprato il cavallo. Ma sembravano tutti amici, venivano tutti a comprare da Joe, non è vero che venivano solo i negri. Anche i signori compravano la roba nostra, mandavano i servi con le ceste.

Sì, ho sbagliato con le capre, e il dottore si è incazzato. Ma non ero il solo ad avere le capre. Le tengono a Lake Providence, a Delta, ne conosco altri che hanno le capre e non danno fastidio. E tutti hanno i maiali. E allora? Erano brave bestie, non sporcavano, io ci facevo il formaggio: per mangiare noi, non per vendere.

Antonina mia amatissima, perdono.

Ho chiesto perdono anche al dottore, e lui ha capito che volevo fare vendetta per la capra. Ma quale vendetta! Tutto il giorno avevo, se volevo, per fare vendetta; perché tutti mi dicevano attento al dottore. Io dicevo: e cosa mi può fare il dottore? Io pensavo che il dottore è un uomo istruito e Cialli era sui gradini del negozio quando è passato con Kaufman e l'ha pure salutato. E invece il dottore oggi gli è saltato addosso e gli ha sparato e l'ha colpito con il calcio della pistola. Non ci ho visto più, ho preso lo schioppo per minacciarlo, ma lui ha continuato e tutti intorno a gridare ammazza il dago.

Ma è stato per il commercio, non per la razza. Troppo tardi l'ho capito. Io lo sapevo che erano solo pallini da caccia, anche lui lo sapeva. E se lo volevo ammazzare, andavo a buttarmi nella casa della moglie del suo amico Kaufman? Fesso io che pensavo che mi proteggesse, che con Kaufman siamo colleghi. Le ho detto: nascondimi e lei mi ha tradito. Mi hanno preso dentro il camino, mi hanno sparato come a un gatto, mi hanno tirato fuori pieno di sangue e poi non mi ricordo più niente...

Tutto ho sbagliato, Antonina. E delle difficoltà non ti ho detto niente, per non farti stare in pensiero. Ma ti giuro, non avevo vizi. Ti avevo detto: vieni presto con Nico; adesso ti dico: aspetta, non venire, questa è gente cattiva. Non ci vogliono nel business.

Ma dei risparmi te li ho lasciati, li avevo nascosti. Te li faranno avere, tramite tua madre a New Orleans. O il marito di Carmela. Non so cosa gli sia successo, ma deve essere riuscito a scappare, perché qui con noi non c'è.

Io sono Cialli, non Charlie

Io vorrei essere ricordato così, come al paese: Cialli. Cialli, cioè Pasquale Defatta di Cefalù inteso Cialli, figlio di Nicolò e fratello maggiore di Giuseppe e Francesco, ucciso insieme a loro.

Io sono giunto qui che ero già vecchietto, con le ossa che mi facevano male. Ho 54 anni, e mi sono messo in viaggio per l'America dopo che avevo passato i cinquanta.

Io sono analfabeta, non mi vergogno. Mio fratello Giuseppe mi ha fatto venire apposta da Cefalù per firmare delle carte, io gli ho detto: cosa firmo se non so firmare, lui ha detto non importa che con due testimoni vale lo stesso e io ci ho messo la X, e l'hanno accettata. Giuseppe non poteva più possedere niente, perché il tribunale l'aveva impedito, dopo che il suo socio l'aveva denunciato per i soldi. E così il suo negozio, per la legge, è mio, e sono io che metto la X quando Giuseppe compra dai fratelli Romano. Sono venuto in questa Tallulah – che non è niente, sono quattro stamberghe in mezzo alla campagna, piena di zanzare – a dare una mano. Non ci volevo restare, appena finita questa cosa di avvocati e tribunali io ero pronto a tornare al paese; e se tutto andava bene partivano la moglie di Giuseppe e anche Nico, che fa adesso dieci anni.

Io neanche ho capito cosa è successo, anche perché io sono un po' lento a capire la lingua. E quel dottore mi ha spaccato la testa con la pistola!

Qui hanno altre usanze che da noi. Mangiano diverso, mettono tutto burro e certi pesci del bayou li mangiano solo i negri. Sono strani. Hanno un altro modo di coltivare la terra, che è la più bella terra che abbia mai visto. Hanno messo tutto a cotone, solo cotone, ma fanno male perché così la terra si stanca. E poi a raccogliere tutto quel cotone ci vogliono i neri e devi stare tutto il giorno sotto il sole con la schiena rotta. I padroni sono peggio che da noi e sono abituati che il cotone lo raccolgono i neri. È un lavoro da frusta, da bestie, e adesso neanche i neri lo vogliono più fare. E allora ci hanno fatto venire a noi!

Io sono viddano da sempre, come tutti i Defatta. Ma la terra, almeno, la conosciamo, se solo ce la danno a noi, anche qui diventa un giardino. Dammi un fazzoletto, io te lo spietro, ci porto l'acqua e ci faccio crescere tutto. Come dicono qui lo faccio improved, migliorato. Io so gli innesti, so le primizie. Tutti dicono che non si può, io dico di sì. Il limone può crescere anche qua! Ma devono imparare come dargli l'acqua, come tenerlo asciutto fino a quando sta proprio male, non avere compassione... E solo dopo, dargli l'acqua! Tutta insieme e così vedi come cresce! Si può mettere tutto qui: frutta, verdura, pomodori, peperoni, melanzane. Ma ci vogliono gli attrezzi, i semi. È come da noi, al padrone gli interessa solo vedere quanto hai raccolto e ti mette i soprastanti, credo, in Sicilia con lo schioppo se no il contadino si libera e scappa via... non è diversa dalla Sicilia questa America!

Quelli che tornano al paese dicono che le strade sono d'oro e ogni giorno è domenica, ma non è vero. Ho visto la Nuova Orlenza, il quartiere dei siciliani, la lotteria, il mercato. E non mi vergogno a dirlo, mi hanno portato anche al bordello, come benvenuto. C'è una strada tutta di bordelli con musica e femmine di tutte le razze, nere, bianche e gialle e musicanti che suonano la tromba. Ci sono un sacco di paesani, fanno commercio, fanno la pesca. Il pescatore siciliano non ha niente da imparare dall'americano, anzi ha da insegnare.

Stu vecchio ancora in gamba, era. È stato il vecchio Cialli che ci ha portato i piccioli a Giuseppe, cuciti nelle mutande, e ci ha fatto da guida a Giovanni e al piccoletto di Defina, Matteo. Tutti sulla nave da Palermo, tutti a vomitare sull'oceano. E adesso lo posso dire: che avevamo anche una salsiccia piccante che ci aveva chiesto Giuseppe per darla a un suo boss. E invece ce la siamo mangiata in mezzo al mare!

Ho visto tanti paesani a NuovaOrlenza, che cercano di migliorare, ma gli americani non li vogliono, dicono che siamo africani, che siamo i figli di Annibale il nemico di Roma e del Papa. Ho visto che noi siciliani mettiamo il ritratto del Re e anche quello di Garibaldi sulle case. Mah! Io non so se è giusto. Cosa hanno fatto per noi? Io avevo 14 anni quando Peppino Garibaldi è arrivato a Cefalù, l'ho visto con i miei occhi. Era basso, aveva bisogno dell'aiutante per acchianare a cavallo. Ma tutti siamo stati portati per la strada a salutarlo con la bandiera del Re e i signori e tutti i parrini sono andati a ossequiarlo. Bell'affare abbiamo fatto con il Re e Garibaldi! Solo tasse e servizio militare abbiamo avuto. Per me, la bandiera italiana è solo una pezza lorda.

Io non ho ancora capito cosa è successo ieri sera. Avevo la testa fracassata e mi sono messo in casa sotto il letto, come un bambino. Sono venuti a prendermi lì, io piangevo dal dolore, ma non so neanche quello che ho detto, perché io non capisco come parlano e loro non capiscono me.

E poi mi hanno appeso come se ero un vitello.

Io sono Frank

Se sono io quello che mentre lo tiravano su ha visto il Cristo di Cefalù con un sigaro in mano?

Sì, sono io. È proprio vero, l'ho visto!

Sono Francesco Defatta, detto «Frank», nato a Cefalù 30 anni fa, fratello minore di Giuseppe Joe Di Fatta. Siamo venuti in America tutti insieme, ormai sono quasi dieci anni fa. Siamo venuti insieme a Giuseppe Defina, che ha sposato Carmela, la sorella di Antonina, la moglie di Joe. Va bbuono, non avevamo tutte le carte giuste; ma avevamo pagato i compari che ci hanno fatto entrare al porto. A Nuovaorlenza tutto si può comprare.

Proprio non mi aspettavo quello che è successo. Con Rosario e Giovanni eravamo stati in giro a vendere meloni, perché c'era una festa di negri e avevamo portato tutti e due i carretti. Siamo stati lì tutto il giorno e nessuno ci ha detto niente. Se l'avessimo saputo, saremmo tornati subito, ci avrei anche parlato al dottore, si poteva accomodare, tutto si può sempre accomodare! E invece Joe si è fatto saltare i nervi e tutti si sono rivoltati contro di noi. Io non mi aspettavo che ci odiassero tanto qui in paese, davvero. Sì, il fatto dei dagos lo so, il grande linciaggio di New Orleans, e che ci dicono mafiosi, però ormai ci avevamo fatto tutti l'abitudine, non dico che ci scherzavamo sopra, ma quasi. Siete sporchi! Vivete con le capre! Tutti unti! Ma poi, anche loro venivano a comprare e il negozio di Joe era sulla strada principale. Questi qua non sono come noi che sappiamo vendere e commerciare, loro sono più bravi a comandare. E infatti, appena noi abbiamo alzato la testa, ci hanno castigati. Gli vendevamo la farina a due dollari in meno al barile, e il caffè e il riso alla metà di quello che i negri pagano al company store. E sfido che si sono incazzati! Per me, ancora adesso non ci credo che si preparavano ad ammazzarci tutti. Sono stato stupido. Vivi anni insieme a delle persone, e non ti accorgi che poi tutte insieme ti si rivoltano contro. Perché non è come da noi, che te lo fanno capire, che viene uno e ti dà un consiglio e così tu ti prepari, se ti vuoi calare o sei vuoi fare la guerra.

La gente qui è strana, è piena di superstizioni. Hanno paura di tutto, dei negri soprattutto. Hanno paura che si vogliano vendicare perché loro li hanno tenuti schiavi e gli yankees sono venuti a proteggerli. Hanno paura che le donne restano incinte dei negri e che loro sono cornuti e che così la razza bianca si perde. Io la vedevo in un'altra maniera, io sono un tipo ottimista. Che fastidio ti dà, dicevo, se la mia frutta la compra anche un negro? Mica la sta rubando a te. Eh, ci vorrà molto tempo prima che cambiano, questi. E poi sono ignoranti. I padroni che stanno nelle belle ville, sono loro che gli mettono in testa queste pazzie. Li trattano come dei cani, li tengono al guinzaglio e poi li scatenano. Adesso gli hanno detto che noi diventiamo cittadini americani e votiamo e il prossimo sceriffo sarà siciliano e il paese sarà comandato dai dagos e dai negri.

Bisognava fare più attenzione, perché loro sono più di noi e hanno lo sceriffo dalla loro. Ma quale sceriffo siciliano! Se dicevo io qualcosa allo sceriffo Lucas, mi rideva in faccia. Dovevi far la guardia in negozio se no ti venivano a rubare tutto. E infatti, si è visto come ci ha difesi lo sceriffo. Prima ha detto: «vi metto dentro così siete sicuri», poi li ha fatti entrare. Che pezzo di merda! Erano tutti ubriachi, hanno fatto finta di discutere, ma avevano già deciso.

Rosario gli ha chiesto pietà, io gli ho detto smettila, fai l'uomo e quasi mi sono messo a ridere.

Io sono Rosario

Io mi chiamo Rosario Fiduccia e sono il cugino dei fratelli DiFatta. Siamo cresciuti insieme, le nostre famiglie sono la stessa cosa e da noi, di mafiosi non ce n'è mai stati, tutti gente onesta lavoratori.

Siamo morti per niente, nessuno ci vendicherà. Non siamo di famiglie malandrine, non sappiamo neanche come si comincia. Con cosa facciamo vendetta? Con un coltello contro gli schioppi? E dunque chi ci deve vendicare? Il Re ci dovrebbe mandare l'esercito contro gli americani, ma invece ci ha abbandonati. Io ci sputo sul Re. E quel console a Vicksburg, quello che viene da Milano e si è accattato terre e c'ha l'albergo vicino al tribunale; siamo andati a chiedere se ci aiutava e si è messo a ridere. Lui vuole che torniamo nel cotone, senza fare storie, accontentarsi, mettere i soldi da parte e un giorno comprare. Ma non è possibile!

Noi non ci dovevamo venire qui, siamo troppo lontani e sparsi. Se eravamo tanti, un movimento, magari potevamo prendere la terra. Ma pochi, sparpagliati, non abbiamo forza. Giusto andare in giro a vendere con i carretti possiamo fare. C'ho un cugino qui intorno, Ciccio, Fiduccia pure lui, sta a Lake Providence, venti miglia a nord e l'avrò visto tre volte in tre anni. Lui non può uscire dalla piantagione, dice che l'acqua fa venire le malattie e se cerchi di scappare, ti legano. Non ce la fa a comprare, gli chiedono 40 dollari per acro improved. E in città, costa 300 dollari per acro. Ma se eravamo di più, potevamo farcela. Giù al sud, dove fanno le fragole ce l'hanno fatta e adesso camminano in paese che tutti li rispettano.

Io non ho niente contro Joe, l'ho sempre rispettato e ho sempre avuto fiducia in lui. Ma ha sbagliato, Joe. Ha sbagliato a mettersi nelle mani dei Romano, che poi non sono nemmeno paesani nostri e vengono da Napoli, perché loro tanto non rischiano niente, la merce che ci vendono la vogliono pagata subito. Eravamo noi a rischiare, eravamo i loro impiegati e senza beneficio. Ci hanno lasciati soli in mezzo alle bestie feroci.

Io sono Giovanni

Io sono Giovanni, il nipote di Frank. Sono il ragazzo di bottega, ho appena 22 anni. Dormivo a casa sua, ero a Tallulah da appena due mesi. Io so leggere e scrivere, e mi piace pure. I miei zii mi hanno detto che sarei diventato un americano e che sarei diventato ricco, ma che dovevo fare bene attenzione, perché in questi piccoli paesi la gente è molto superstiziosa. Per esempio, quando lavoro in negozio e una donna mi dà la moneta, io la sua mano non devo neanche sfiorarla, piuttosto la moneta cade e io la raccolgo, e questo ho sempre fatto. E quando un bianco mi parla, devo abbassare gli occhi, anche con quelli poveri e straccioni e maleducati. Anzi, proprio quelli si incazzano se li guardi negli occhi. Ma non è perché ho toccato la mano di una donna che mi hanno ucciso. Io ho capito che mi hanno ucciso perché faccio parte della razza dei neri, perché dobbiamo imparare a stare al nostro posto; ma io non sono un negro, anche se ho i capelli neri e ricci e gli occhi neri. La mia pelle è bianca. Quasi bianca.

Il signor Bill ha cercato in tutti i modi di non farmi uccidere, lui è un vero amico. Io andavo da lui ad aiutarlo ed imparare a dipingere le grandi mappe della terra e del fiume. È un bellissimo lavoro e bisogna avere molta pazienza e precisione, perché prima bisogna disegnare una dopo l'altra le proprietà della terra che stanno una attaccata all'altra lungo tutte le curve del fiume, poi colorarle con tinte e sfumature diverse e poi metterci sopra con inchiostro nero il nome del proprietario. Perciò. Si prende una carta pergamena grande come un doppio lenzuolo e si comincia a disegnare il fiume e lo si dipinge di azzurro, anche se in verità il Mississippi è giallo e poi si colorano tutti i rettangoli di terra, anche quelli piccoli piccoli e alcuni molto grandi. Bisogna essere molto precisi perché quella carta poi serve a stabilire il prezzo della terra e quanto si paga di tasse. Alla fine, le mappe del signor Bill sono dei grandi quadri che scintillano, sembrano un mosaico come quelli che abbiamo nel duomo del nostro paese di Cefalù.

Il signor Bill era riuscito a prendermi e mi difendeva. Ho sentito che urlava: «È innocente, è il mio aiutante, è mia proprietà, giuro che lo porto via e non lo vedrete più», ma poi tutti gli altri hanno afferrato lui per le braccia e per la gola e mi hanno catturato a me, mi hanno spogliato nudo. Era buio, ma loro avevano delle torce. Mi hanno portato nel cortile, dove ho visto mio zio Frank e Saro impiccati e mi hanno dato un colpo in testa, perché non volevano che gridassi o che mi divincolassi quando mi impiccavano. Però ho fatto in tempo a vedere tutte le stelle e la luna e poi sono svenuto. E spero che il signor Bill, almeno lui, sia riuscito a scappare.

Capitolo undici
In missione per conto del Re

Joe Defina con il figlio Salvatore sbarcò con la canoa tra i canneti sulla riva orientale del fiume, verso mezzogiorno di venerdì 21 luglio. I due erano male in arnese, ustionati dal sole e spaventati a morte. Si recarono all'ufficio dei Romano, al molo del porto di Vicksburg e raccontarono la loro storia.

I Romano non persero tempo e mandarono immediatamente a Tallulah il loro avvocato, per rendersi conto di che cosa fosse successo al loro investimento. Un avvocato che aveva un certo nome: Patrick (Pat) Henry, un bellissimo giovane – a giudicare dalle fotografie. Era il discendente di uno degli eroi dell'indipendenza americana, il suo omonimo che aveva detto: *Give me liberty or give me death*. Era destinato alla carriera politica.

Henry arrivò alla stazione di Tallulah e rimase inorridito dallo spettacolo che i cittadini avevano preparato per gli estranei. I cinque cadaveri ormai in decomposizione, deformati, i vestiti a brandelli, gettati nelle casse di legno. L'avvocato si sentì circondato da una forte ostilità, ma ottenne che quello spettacolo avesse fine e che i corpi fossero sepolti. Ma non si sentì autorizzato a fare troppe domande o a chiedere spiegazioni; si limitò a far valere i diritti dei Romano sulla proprietà di Joe Defatta, esibendo le carte che mostravano il passaggio di proprietà. Ottenne quindi che la casa non entrasse nella liquidazione dei beni delle vittime.

(La liquidazione, di cui non esiste un dettagliato verbale, avvenne dopo la sua partenza e praticamente privò i Defatta, Fiduccia e Cirami di tutto: soldi, animali, attrezzi e contanti vennero prontamente dati a cittadini di Tallulah che si affollarono vantando crediti verso di loro; praticamente un bottino di guerra distribuito alla soldataglia. Hodge ottenne l'orologio e i 10 dollari del cavallo. Nulla, nemmeno gli effetti personali, venne mai restituito alla famiglie. Dal catasto di Tallulah si apprende che la casa-negozio di Joe fu poi venduta da Cristina Romano, moglie di Raphael, nel 1901 per 1.500 dollari e divenne la sede del «Club della buona lettura» patrocinato dalla signora Kate Holmes).

L'avvocato Pat Henry tornò a Vicksburg e trasmise ai suoi clienti e a tutta la comunità italiana l'immagine di un luogo fosco e pericoloso. Sconsigliò a chiunque di recarvisi. Joe Defina era in preda alla disperazione; suo figlio Salvatore gli faceva da portavoce. Temeva che sarebbero venuti a prenderlo anche lì, non voleva lasciare la cantina in cui si era rifugiato; e nello stesso tempo cercava il modo di recuperare la sua roba.

La sera di venerdì arrivò, inaspettato, un signore italiano da New Orleans. Si presentò come Enrico Cavalli, giornalista editore della rivista *L'Italo americano*, quattromila copie vendute a New Orleans, l'organo più influente della comunità italiana, affiliato a quell'ala del Partito Democratico disposto ad accettare gli italiani nelle liste elettorali. Cavalli, di spirito molto battagliero, aveva ottenuto dal nostro console a New Orleans, il conte Carlo Papini (tutt'ora un facente funzione, dopo i linciaggi di nove anni prima), un attestato in cui pomposamente lo si nominava «inviato del Re d'Italia» per accertare la verità sulla morte dei suoi sudditi a Tallulah.

Il cavaliere console di Vicksburg Nat Piazza lo individuò subito come uno che gli avrebbe fatto avere dei guai. E aveva ragione. A Nat Piazza tutti quei siciliani arrivati in zona non piacevano molto. E gli era già successo di trovarsi a causa loro in seri pasticci. 13 anni prima, a Vicksburg, c'era già un fruttivendolo siciliano. Si chiamava Federico (Frederick) Villarosa, di Palermo, aveva un banchetto in centro ed era stato accusato di aver molestato una ragazzina bianca, la figlia del capo dell'ufficio postale. Lo avevano messo in prigione in attesa di processo, ma si era riunita una folla che lo voleva impiccare subito. Quella volta il sindaco era stato coraggioso. Aveva chiamato la milizia e scacciato la folla. Questa aveva fatto solo finta di ritirarsi, e appena la milizia era tornata in caserma, aveva dato l'assalto al carcere, preso Villarosa e impiccato. Villarosa era innocente, il cavalier Piazza lo sapeva bene. E la ragazzina era illibata, c'era stata addirittura una perizia medica. Ma Piazza si era trovato in mezzo a questa storia, con Roma che telegrafava e quasi lo imputava di non aver fatto niente. Poi erano arrivati tutti quei mezzadri nelle piantagioni di cotone, cui avevano promesso terra e invece avevano scoperto che non ce n'era, ma non c'era neanche l'acqua potabile e non potevano lasciare i campi. E che ci poteva fare Piazza? Venivano da lui, dicevano che erano stati truffati, che li trattavano come schiavi. Ma Piazza non prendeva le loro difese, anzi tendeva a stare dalla parte dei proprietari. Non era molto stimato, il cavaliere Piazza, dai poveracci.

Ora c'era la storia di Tallulah. Non uno, ma cinque siciliani. E un sesto ce l'aveva lui sul groppone. E Roma di nuovo che telegrafava, e questo giornalista di New Orleans. Piazza sapeva bene cos'era quella parrocchia; c'era gente feroce. Disse subito a Cavalli che non si poteva andare non annunciati; che bisognava ottenere garanzie di incolumità, che non si poteva arrivare di domenica, perché sarebbe stato uno sgarbo.

Il consolato italiano di Vicksburg telegrafò a Tallulah. Chiesero garanzie anche per Joe Defina, che voleva assolutamente tornare. Lo sceriffo Lucas rispose formalmente di sì, ma aggiunse: è inutile che torni perché delle sue proprietà non esiste più niente. E peraltro «non è ben visto». Una specie di dichiarazione di guerra: Piazza non se la sentì di portarsi dietro Defina; era l'uomo che avrebbe dovuto essere impiccato, sarebbe stata una vera provocazione. Non se ne parlava neanche. Alla fine Piazza si fece forza e accettò di accompagnare Cavalli lunedì 24 luglio, a patto che si tornasse prima di sera. Nat Piazza, per farla breve, conosceva i suoi polli, ma faceva affari con loro, e proprio per questo aveva paura di essere ammazzato.

I due italiani vennero ricevuti in tutta pompa alla stazione di Tallulah all'arrivo del treno delle 11,30. A fare gli onori di casa, lo sceriffo Lucas accompagnato dai cittadini più importanti della città. Gli ospiti vennero prima portati al Tallulah Hotel dove venne servito un generoso banchetto, poi si procedette a rivisitare i luoghi dell'«incidente». Piazza, naturalmente, non fece alcuna domanda imbarazzante, né chiese di poter parlare con il District Attorney. Enrico Cavalli, da parte sua, si scusò per non parlare inglese, ma solo francese. Il signor Kaufman (l'amico del dottor Hodge) fece da interprete. Lo stesso dottor Hodge, ancora a casa, ma decisamente in via di guarigione, pur con le mani bendate, strinse quelle degli ospiti. Lo sceriffo prese accordi con Piazza perché i cadaveri, buttati in un terreno, fossero sepolti a Vicksburg. Piazza si accollò le spese di trasporto. Il gruppo tornò poi all'Hotel Tallulah, per un brindisi finale. Tutti avevano notato l'estremo nervosismo di Piazza, il suo accettare per buona qualsiasi spiegazione, la sua evidente volontà di non sollevare polemiche. All'hotel, durante il brindisi per l'amicizia tra Italia e Stati Uniti, finalmente Piazza parlò. Disse poche parole, ma terribili. «Le persone che sono state linciate erano siciliani, ma nessuno di loro era una persona istruita. Un siciliano di buona nascita, intelligente, potrebbe stare a fianco dei grandi cavalieri che scortano Dio nell'alto del cieli, ma la classe bassa è vendicativa e assetata di sangue». Tutta la sala lo applaudì calorosamente e nel brindisi successivo le autorità di Tallulah assicurarono la delegazione italiana che il linciaggio non aveva assolutamente niente a che fare con un'ostilità di razza verso gli italiani.

Ma i buoni cittadini di Tallulah avevano sottovalutato Cavalli. Questi aveva volutamente giocato la parte del burocrate italiano disorientato, a disagio con la lingua. Ma era stato un trucco. Cavalli era un buon detective e fu in grado di raccogliere le notizie che gli interessavano. Sapeva già che una parte del paese aveva cercato di opporsi al linciaggio e giunto sul posto, durante la graziosa visita ai luoghi del deprecabile incidente, ben due persone gli fecero capire che volevano parlargli. Cavalli fu svelto a convocarli a Vicksburg, dove in effetti arrivarono il giorno dopo. Uno era il barbiere di Cedar Street, Mr. Blander. Il secondo era un certo Frank Raymond, pittore itinerante, mezzo imbianchino mezzo artista che dipingeva le staccionate e le pareti di casa, ma offriva anche il ritratto del padrone di casa, della signora, dei bambini piccoli. Tutti e due sapevano la storia, Blander l'aveva vista da vicino, dato che uno dei capi dei linciatori, Mr. Wilson, era il padrone del saloon accanto alla sua bottega. Non c'era stato alcun complotto da parte dei siciliani. Anzi, era vero il contrario: i commercianti del paese non aspettavano altro che un'occasione – e il dottor Hodge gliela aveva fornita su un piatto d'argento – per liberarsi di una specie che si stava dimostrando ogni giorno più pericolosa. Gente di razza inferiore, che infatti aveva aperto le porte ai negri e che adesso avrebbe anche potuto votare.

Non solo i due erano pronti a testimoniare – ma certo non a Tallulah! – ma avevano ricevuto mandato analogo da parte di due negri, che avevano lavorato per Frank Defatta. I due avevano visto tutto e avevano stilato una lista dei linciatori.

«Come posso mettermi in contatto con loro? Come posso avere la lista?».

«La lista la sappiamo noi», dissero Raymond e Blander, che la dettarono a Cavalli.

Cavalli andò allora da Piazza, che si dimostrò ancora più impaurito. Lì dentro c'erano i nomi delle più importanti famiglie della parrocchia di Madison. Ma si rendeva conto, Cavalli? Erano tutti amici e parenti del procuratore! Cavalli insisteva: abbiamo dei testimoni, possiamo avere una testimonianza giurata! Piazza: nessun notaio di Vicksburg accetterebbe di controfirmare la testimonianza di due negri. E poi sarebbe un'ingerenza in un altro stato! Noi qui siamo nel Mississippi, loro sono nella Louisiana. Creda a me, non possiamo fare niente.

Cavalli raccolse anche la testimonianza di un prete cattolico francese, padre Mahé, che parlò sotto garanzia di anonimato. Il sacerdote, che abitava a Lake Providence, ma che girava tutte le piantagioni per assolvere ai doveri del suo magistero, gli confermò che, secondo la sua opinione, «tutto il paese, direttamente o indirettamente, aveva partecipato all'uccisione». Secondo il prete però, il giudice Montgomery, lui stesso di Tallulah, era una persona seria e un possibile giudice imparziale, in grado di ricevere la denuncia. Cavalli andò subito a parlargli a Vicksburg, ma il giudice, ascoltata la storia, si negò a ogni ulteriore intervento. La sua posizione di giudice a Tallulah, disse all'inviato del Re d'Italia Enrico Cavalli, rendeva incompatibile il suo ruolo di testimone in quella faccenda.

Non solo le porte si stavano chiudendo, ma arrivò anche Defina con una pessima notizia. Uno dei due negri salariati da Defatta, ovvero uno dei due testimoni, era stato assassinato. Lo aveva saputo da suo figlio Salvatore che, sfidando il pericolo, era tornato dall'altra parte del fiume per cercare di recuperare 350 dollari che un creditore gli doveva. Nell'occasione Salvatore era anche andato a Milliken's Bend e aveva provveduto a vendere i tre cavalli del padre, che si erano persi nella boscaglia e che una persona amica aveva recuperato.

Anche Enrico Cavalli adesso non si sentiva più tanto sicuro. Prese il primo treno per New Orleans e il giorno 26 luglio si sedette di fronte al console facente funzione Papini, nella sede diplomatica italiana di New Orleans, per dettare la sua testimonianza di «agente speciale al servizio del Re d'Italia». E soprattutto, per dettare la lista.

Tre giorni dopo, il 29 luglio, con il traghetto delle sette del mattino, gli impiegati della ditta Fisher trasportarono le cinque casse attraverso il fiume per il silenzioso funerale. I cefalutani vennero sepolti in un lotto comprato dieci anni prima dalla comunità italiana nel cimitero monumentale. Fu il primo atto di rispetto che i cefalutani ebbero in America. Vennero sepolti vicino agli ufficiali e ai soldati confederati, morti – come si dice da queste parti – «nella guerra tra gli Stati». Il 4 luglio (festa dell'indipendenza, ma soprattutto data della caduta di Vicksburg) da tutta la Louisiana e il Mississippi, ancora adesso, una folla di cittadini porta fiori. Non ai nostri fruttivendoli, certo; ma almeno non ci fu scandalo a metterli lì vicino. Ebbero delle croci di legno, talmente lavate e fragilizzate dal tempo e dalle alluvioni, da essere ora del tutto scomparse.

Non ebbero, come si usa dire, il conforto della religione. A quei tempi la questione cattolica era un po' complicata, essendo la Chiesa di Roma appannaggio quasi esclusivo degli irlandesi, che, come si diceva, lasciavano ai siciliani «le cantine dei loro templi». Subito dopo la strage, il *Times Picayune* intervistò lungamente un prete cattolico di Chicago, di passaggio per il sud. Questi non solo disse di approvare il linciaggio come «legittima difesa della razza bianca», ma negò che i siciliani fossero cattolici; erano piuttosto adoratori di culti primitivi, tanto che alcune delle loro Madonne erano nere. In quella occasione il prete coniò anche un neologismo: «mafia-ism», come ideologia politica propria degli italiani del sud.

Il console facente funzione di New Orleans Papini e «l'agente del Re» Enrico Cavalli trasmisero all'ambasciata di Washington la lista dei linciatori. È possibile che alcuni nomi fossero scritti male, così come vennero scritti male i nomi delle vittime. Ma, bisogna capire: all'epoca, in Sicilia come in Louisiana, erano praticamente tutti analfabeti.

Al primo posto figurava Mr. Rogers, indicato come il capo, quello che aveva anche guidato la posse per andare ad uccidere Defina e i suoi figli.

Poi c'erano:
Fred Lichslider,
Edward Stewart,
Mr. Coleman Wilson (era quello che era salito sull'albero e aveva legato la corda, proprietario di un bar che aveva promesso da bere gratis se avessero finito il lavoro, cioè, se avessero ucciso anche il povero Giovanni Cirami),
Burt Severe,
Tom Nola,
Dave Evans,
Jim Johnson,
Fred Johnson (era quello che aveva procurato la corda),
Scott,
Arden Severe (era quello che aveva preparato il cappio),
John Yerger,
Jim Ervesie,
Jim Stone,
Tom Broders,
Fred Broders,
Sam Slank.

A questi nomi, la fonte aveva aggiunto anche quelli di Paul e Billy Bruse, due altri negri che avevano partecipato come spettatori al linciaggio, ma che sarebbero stati pronti a testimoniare.

Nomi pesanti. A Washington l'ambasciatore italiano Fava li trasmise con urgenza al segretario di Stato Hayes, accludendo il caldo invito ad intervenire. Secondo la legge, infatti, il procuratore distrettuale di Madison Parish non avrebbe potuto rimanere inerte di fronte ad una tale notizia di reato.

E invece, naturalmente, lo fece. Con ogni probabilità, se la politica e i rapporti di potere erano simili in Italia e negli Stati Uniti, sia Washington, che il governatore della Louisiana, che il procuratore, avranno tutti pensato che quella lista avrebbe potuto loro servire, ma certo non la resero pubblica. E lo stesso avvenne in Italia; quei nomi non significavano nulla per nessuno – era pur sempre una storia di capre ed esseri primitivi in un paese dal nome buffo; e sicuramente nessun deputato avrebbe sollecitato il nostro governo a fare qualcosa.

Così, tra Fava e Hayes seguì per molti mesi un salameleccoso e frustrante scambio di messaggi, in cui il segretario di Stato americano si diceva estremamente grato per aver ricevuto notizie su «quei certi italiani» vittime di «eccessi», ma di essere costituzionalmente impossibilitato a intervenire, vista l'autonomia dello stato della Louisiana; il nostro ambasciatore ricordava che il nostro Re difendeva i suoi sudditi all'estero e che gli Stati Uniti avevano firmato un trattato; il segretario di Stato puntigliosamente ricordava che tre delle vittime erano diventate cittadini americani, o comunque avevano manifestato un «animus manendi», per cui si evinceva che del loro Re importava loro ben poco, anzi probabilmente lo disprezzavano, visto che si erano adattati alla nuova patria, ai suoi usi e costumi, incluso il pur deprecabile linciaggio.

Il placido carteggio tra ambasciatori sulla pelle di cinque immigrati impiccati, che durava da un anno, ebbe un momento di svolta il 29 luglio 1900, quando Re Umberto di Savoia venne ucciso nel parco di Monza da un anarchico italiano, Gaetano Bresci, venuto apposta dall'America – era un operaio tessile a Paterson, New Jersey, la capitale mondiale della seta – per adempiere alla bisogna. Bresci era stato portato all'azione proprio dal fatto che il suo Re non amava i suoi sudditi, non amava il suo popolo. Infatti aveva premiato il generale Fiorenzo Bava Beccaris, che aveva ucciso duecento scioperanti a Milano, e il generale Roberto Morra di Lavriano, che aveva represso nel sangue i contadini siciliani organizzati nei Fasci.

(Fossero stati ancora vivi, sono sicuro che i Defatta avrebbero detto: *Buono fici Bresci*. L'avevano capito da tempo che il loro Re non li amava).

Per evitare «strumentalizzazioni», Fava si recò immediatamente da Hayes e gli chiese un comunicato di cordoglio per la morte di Re Umberto. Che prontamente arrivò dal presidente McKinley: «our beloved King Humbert». In nome di quella amicizia il presidente americano, a fine dell'anno 1900, raccomandò al Congresso di essere generoso e di ricompensare le famiglie dei poveri italiani uccisi a Tallulah.

The assassination of King Humbert called forth sincere expressions of sorrow from this Government and people, and occasion was fitly taken to testify to the Italian nation the high regard here felt for the memory of the lamented ruler.

In my last message I referred at considerable length to the lynching of five Italians at Tallulah. Notwithstanding the efforts of the Federal Government, the production of evidence tending to inculpate the authors of this grievous offense against our civilization, and the repeated inquests set on foot by the authorities of the State of Louisiana, no punishments have followed. Successive grand juries have failed to indict. The representations of the Italian Government in the face of this miscarriage have been most temperate and just...*

Nobile discorso, certo, ma anche molto ipocrita, perché anche lui era a conoscenza dettagliata di quanto era successo. E probabilmente anche a lui era stata consegnata la lista. Tutto ciò, il presidente McKinley lo aveva ben presente quando andò in visita presidenziale a Vicksburg, nella primavera del 1901, e passò sotto un arco di trionfo alto trenta metri costruito con migliaia di balle di cotone sotto la scritta «Cotton America's King greets America's President», per fargli capire che da quelle parti lui stesso era un ospite.

---

* L'assassinio di Re Umberto ha provocato sincere espressioni di dolore da parte di questo governo e del popolo, e fermamente abbiamo colto l'occasione per testimoniare alla nazione italiana l'alta stima in cui è tenuta la memoria del compianto sovrano.
Nel mio ultimo messaggio, mi sono soffermato a lungo sul linciaggio di cinque italiani a Tallulah. Nonostante gli sforzi del Governo Federale e la produzione di prove tese ad incolpare gli autori di questa dolorosa offesa nei confronti della nostra civiltà; nonostante le ripetute inchieste messe in atto dalle autorità dello Stato della Louisiana, non è seguita alcuna punizione. Le denunce del governo italiano contro queste inadempienze sono state ragionevoli e giuste...

McKinley non sopravvisse più di un anno a Re Umberto. Anche lui fu ucciso, il 14 settembre 1901. Da Leon Czolgoz, un anarchico polacco proveniente anche lui da Paterson, un altro che pensava che il presidente non amasse il suo popolo ed era rimasto ammirato dal gesto di Gaetano Bresci.

I tempi cambiavano, era cominciato il ventesimo secolo. A Tallulah venne costruita la prima scuola elementare per soli bambini bianchi e vennero introdotte, in grande numero, le slot machine – chiamate One hand bandit. La società che le gestiva ebbe la licenza in cambio della fornitura delle maglie da football della squadra locale e aveva sede nello stabile che era stato il negozio di Joe Defatta. Da Cefalù, invece, si continuava ad emigrare. Una continua emorragia, sempre verso le piantagioni della Louisiana e del Mississippi, sempre sognando che lavorando duro avrebbero potuto comprare un pezzo di terra.

Nel 1909 a Cefalù venne inaugurato il cinematografo. Le prime pellicole italiane mostravano storie dell'antica Roma o passioni ambientate nel Medioevo. Nel 1915 Hollywood lanciò il suo primo film. Si chiamava «Nascita di una nazione» ed era l'elogio di un gruppo di eroi del sud che combattevano per la supremazia della razza bianca, il Ku Klux Klan. Fu il più grande successo al botteghino in tutti gli Stati Uniti.

Anche a Tallulah, naturalmente, era nato il Ku Klux Klan. Il linciaggio dei nostri cinque aveva solo anticipato l'atto di nascita ufficiale. I cinque cefalutani e coloro che li uccisero, in quel piccolo paese, erano stati ambedue gli opposti precursori del Novecento e del suo cinema.

Ma, giusto per curiosità, sono andato a vedere se qualcuno si ricordava di quei linciatori indicati nella lista. I nomi erano quelli di famiglie note. «Scott» era il cognome di una delle principali famiglie latifondiste; e così era «Severe», antica stirpe di amministratori e uomini politici della regione, presenti con ben due linciatori. Gli altri erano commercianti di Tallulah, ma uno – Jim Stone – era qualcosa di più. Nientemeno che il fratello della famosa Kate Stone Holmes, la dama dei Confederati, signora della grande villa di Brokenburn. E peraltro madre del procuratore distrettuale William Stone Holmes. (Cioè: mentre il nipote si faceva negare, lo zio preparava il cappio). Insomma, erano quelli che erano venuti all'Hotel Tallulah e avevano applaudito Nat Piazza che li assolveva e, a nome del Re d'Italia, alzava il calice contro i siciliani poveri.

Furono veramente degli ingenui, i nostri Cavalli, Papini e Fava a rendere nota la lista, anche a chi non avrebbe dovuto vederla. L'unico effetto che ebbero fu che un testimone venne subito ammazzato.

Ma il più misterioso era il primo della lista, Mr. Rogers, il capo, descritto come il più assatanato. Dunque, il *Giornale di Sicilia*, quando parlava di una questione di donne, non aveva sbagliato. Rogers, nelle cronache locali del dopo linciaggio, era citato come un rivale in amore di Frank Defatta, tanto che il gelosissimo Frank – sempre secondo quelle cronache – gli aveva fatto la posta una notte per ammazzarlo. Ma Rogers, avvertito, non era passato di lì.

Già. Un motivo in più, per Rogers. Un certo Rogers, però, cinque anni dopo fu messo in carcere a Tallulah con l'accusa di aver ucciso un certo Jesse Brown. Tutti e due erano uomini bianchi. Rogers era in attesa di essere liberato, essendo stato riconosciuto innocente, però successe che un gruppo di persone affittò una carrozza della Pacific Railroad e sulla tratta Monroe-Tallulah ad ogni stazione il treno raccoglieva amici di Jesse Brown che volevano andare a fare la pelle a Rogers. Cosa che fecero. Entrarono nella prigione, lo presero e lo impiccarono ad un palo del telefono, poi se ne andarono, sempre in treno. Un caso, forse l'unico, di pendolari del linciaggio. E anche uno dei pochissimi casi di linciaggio di un uomo bianco.

La vedova di Rogers, Alice, non mandò giù la cosa e fece causa alle ferrovie per il danno subito. Avendo le ferrovie trasportato senza farli pagare gli assassini di suo marito, erano complici del danno a lei provocato. Chiese 50.000 dollari. Dieci anni dopo, la Corte Suprema di Jackson, in Mississippi, gliene accordò 7.000. Mi è rimasto il forte sospetto che il caso Rogers-Brown fosse uno strascico dell'affare Defatta e della pubblicazione della lista, ma nessuno ha saputo dirmi molto di più. Se non che Alice Rogers era una donna molto ostinata.

Il sipario stava calando. Nessuno si interessò più dei «fatti di Tallulah». In realtà Enrico Cavalli aveva scoperto tutto quello che c'era da scoprire. Esecutori, mandanti, movente del delitto.

Che, per le modalità, per il mistero, per l'omertà, per la politica coinvolta, lo struggimento della minoranza, la presenza di un agente provocatore che scatena la strage annunciata, la pigrizia della legge, l'uccisione dei testimoni, il depistaggio immediato, la protezione garantita ai potenti... a diecimila chilometri di distanza prendeva le sembianze e assumeva la statura di un classico delitto siciliano.

Capitolo dodici
Epiloghi, spesso inaspettati

Il ritorno del marinaio

Joe Defina non riuscì mai a riattraversare il fiume e a recuperare i suoi soldi. Però compilò puntigliosamente un elenco dei suoi beni e dei suoi crediti e avanzò una richiesta di risarcimento per 10.000 dollari che il consolato italiano di Vicksburg appoggiò, ma solo «ufficiosamente». Suo figlio Salvatore morì di febbre gialla nel 1907 e venne sepolto nel cimitero di Vicksburg. Il funerale, sempre a carico della ditta Fisher, costò 15 dollari. Il padre si trasferì poco più a nord, nel villaggio di Anguilla, dove visse fino al 1909, anno in cui tornò a Cefalù. Aveva 64 anni. La sua pratica era diventata un faldone voluminoso.

Lo stato della Louisiana si rifiutava di pagare, sostenendo che Defina aveva disprezzato le istituzioni dello stato, rifiutandosi di tornare a Milliken's Bend nonostante lo sceriffo avesse garantito la sua sicurezza. Inoltre si contestava l'entità del danno. E ancora: era arrivata, addirittura al Dipartimento di Stato, una lettera della cognata Antonina Immiti, detta Lena, la vedova di Joe Defatta, che accusava Defina di reati infamanti. Secondo Immiti, Defina lasciò Milliken's Bend non la notte del

20, ma quattro giorni dopo! Non solo, ma dopo il linciaggio si recò a Tallulah e si impadronì della roba appartenuta agli uccisi, la quale non venne mai consegnata agli eredi. (Qui, benché non nominato, ricompare l'ormai famoso bottone brillante scomparso). Solo il 24 agosto si sarebbe recato a Vicksburg. Inoltre, richiesto di un parere sulla personalità di Defina, il console americano a Palermo consegnò un giudizio sprezzante, dicendo che nulla era dovuto ad un «uomo che era partito come semplice bracciante ed era tornato al suo paese come agiato coltivatore, proprietario di immobili».

L'avvocato di Defina a Cefalù, Salvatore Giardina, in una appassionata memoria si dice disgustato dalle accuse della signora Immiti («interessata, tendenziosa e accusante il cognato di chimeriche appropriazioni») e ricorda la testimonianza dell'avvocato Pat Henry, in seguito divenuto membro del Congresso, che vide Defina a Vicksburg il 21 luglio. Ricorda anche, con toni elevati, la medaglia d'argento ricevuta da Defina per il suo valore a Lissa.

Restano ancora tracce, poi, di un contenzioso legale nel 1919 a Tallulah intorno ai beni di Charles Defatta (indicato qui nella doppia veste di prestanome sia di Joe Defatta che di Joe Defina). La cifra contesa era 795 dollari.

Milliken's Bend fu sommersa nella grande alluvione del 1927, a seguito della quale il Mississippi si spostò a ovest di circa un miglio. (Se digitate ora il nome su Google Maps, ve la indica proprio in mezzo al fiume).

La «compensazione» americana si rivelò essere in tutto di soli 4.000 dollari, pagati alle famiglie di Joe Defatta e Giovanni Cirami. Frank, Cialli e Sy Fiduccia non furono invece ammessi al beneficio in quanto erano diventati cittadini americani. Nei loro confronti quindi non si applicava il trattato tra Italia e Stati Uniti che assicurava protezione ai cittadini italiani in America.

Antonina Immiti, che appare essere una donna decisa e avventurosa, fece due viaggi a New Orleans, nel 1909 e nel 1920, ma non risulta si sia mai recata a Tallulah o a Vicksburg. Portò con sé il figlio Nicolò. Si stabilirono in Texas, dove Nicolò sposò una donna anche lei di Cefalù. L'ultima discendente della famiglia Defatta in America sembra essere ora la signora Linda Fatta Ott, presente su Facebook. Linda ha ancora ricordi di suo nonno Nicolò che si metteva a piangere quando ricordava «il suo povero padre e i suoi poveri zii». In casa si diceva che «gli italiani non erano mai piaciuti alla popolazione locale a causa del loro successo commerciale e perché gli italiani erano gentili con i neri».

Una breve visita a Tallulah, sette anni dopo

Nel 1906 l'ambasciatore italiano a Washington Barone Edmondo Mayor des Planches, viaggiò a lungo nel sud degli Stati Uniti e pubblicò il suo diario di viaggio. Ci sono anche alcune righe dedicate a Tallulah, a sette anni dai «fatti».

Dovendo passare per Tallulah, domando che siano convocati alla stazione gli italiani colà rimasti. È luogo per noi di triste rimembranza... [*segue la succinta descrizione degli eventi e del linciaggio*].

Ha quel crimine collettivo lasciato tracce? E quali? Di odio, di rimorso?

A Tallulah, la stazione è deserta. Due italiani soli, dei tre che colà vivono, si presentano. Dapprima stanno in sospetto. Chi sono io? Chi sono coloro che mi accompagnano, con un nastro tricolore all'occhiello? Non sanno. Quando dico la mia qualità, si rasserenano, e rispondono disinvolti e rispettosi. Le loro famiglie sono in Italia. Essi negoziano in frutta, generi alimentari, grocery. Fanno buoni affari e stanno bene. Il loro socio è rimasto a custodia e cura del negozio.

Uno dei due è Presti Simone Salvatore, robusto, bruno di pelle, capelli brizzolati. Fu caporale nel genio. L'altro, giovane e di gentile aspetto, è Tamburo Rosario. Entrambi ed il loro socio Fertitta, già soldato, sono compaesani, non però parenti delle vittime. Del linciaggio accennano in termini velati. Il Presti Simone è giunto dopo il «fatto». Il Tamburo, da otto anni a Tallulah, trovavasi, quando il «fatto» avvenne, in Lake Providence. Sanno l'inglese. Il Tamburo, che non ha fatto il soldato, parla il dialetto siciliano e mi riesce malagevole capirlo. Ho detto, per ispirar loro confidenza, essere stato segretario di Crispi. Il Presti Simone, gli occhi lampeggianti, esclama: «Del nostro Francesco Crispi?». Ripetono ancora che non sono molestati. Hanno un aureo principio: «rispettare altrui per essere da altrui rispettati». Approvo, do qualche consiglio: chi è in casa d'altri, non bisogna che alzi la voce; conviene esser cauti, non provocare mai, e qualche volta tollerare e perdonare. Il Presti balza in piedi e trae fuori dalla tasca una corona: «Siamo buoni cattolici».

Stamane il Padre Mahé [*il prete francese che venne intervistato da Cavalli*] diceva pubblicamente: «Vi do la mia parola d'onore di gentiluomo e di sacerdote che non esiste qui sentimento alcuno ostile agli italiani». Più tardi, narrando il luttuoso «fatto», diceva essere stato effetto di cause diverse. Il dottore, un tristo; i linciatori, nell'atto, ubriachi di whiskey. Il magistrato più vicino avrebbe forse potuto intervenire in tempo ed evitare il crimine: ma non previde, o fu timido; la sua rielezione era vicina, forse non volle affrontare il sentimento popolare. Il Padre venne a Tallulah la domenica dopo il «fatto» e ne mosse aspri rimproveri.

Gli animi erano ancora accesi e gli si ingiunse di non più tornare. Non diede ascolto all'intimazione e ancora adesso si reca a Tallulah ogni domenica, a dire messa. Oramai la pacificazione si è fatta. Ho domandato se siano noti i colpevoli. Sì, ma non esistono prove, e, come in tutti i casi di linciaggio, nessuno sa nulla.

Tallulah è il solo luogo in cui autorità o notabili non si siano presentati a salutare l'ambasciatore. Il Presti se ne meraviglia. Io me ne compiaccio. Fra le mani che avrei dovuto stringere, forse vi sarebbero state di quelle che forzarono il carcere, che annodarono le funi, che appuntarono le rivoltelle. Quando è dato il segnale della partenza, il Presti ed il Tamburo gridano, agitando i cappelli «evviva agli Stati Uniti, all'Italia, a Casa Savoia!».

I fratelli Sam e Joe Scurria

Oltre a Presti, Tamburo e Fertitta incontrati dall'ambasciatore Des Planches nel 1906, nella parrocchia di Madison risultano iscritti al censimento del 1908 e del 1909 novanta famiglie di italiani, tutti mezzadri alla Killerney Plantation di Duckport. Nessuno di loro denuncia delle proprietà, se non, per alcuni, dei maiali. Tutta questa colonia scompare nel censimento del 1910.

Cefalù è però oggi molto presente a Tallulah, con diverse famiglie (nessuna imparentata con i Defatta). Attraverso loro si può ricostruire l'inizio della presenza stabile di cefalutani in paese. Avvenne nel 1910, quando due fratelli, Sam e Joe Scurria, aprirono il loro negozio di grocery (la cui insegna è visibile nelle fotografie dell'epoca). Sam aveva fatto la solita trafila: piantagioni, fuga, e risalita a nord come venditore ambulante di frutta. Si era stabilito prima a Monroe, alle dipendenze di un certo Messina, e poi era arrivato a Tallulah. Era arrivata anche la moglie Maria Ilardo. Alcuni lo ricordano ancora con un negozio improvvisato all'interno di un bus scolastico abbandonato; altri con un carretto e un mulo, gridando: «Here's comes the Dago! Buy from the Dago!» agli ingressi delle piantagioni. Sam ebbe dieci figli, suo fratello Joe, sette. La svolta di Sam Scurria fu la sua alleanza commerciale con George Wall, cinese, e Mertie Bloom, ebreo. Insieme a loro e vincendo le resistenze del consiglio comunale, intorno al 1920 Sam aprì il primo grande locale pubblico a Tallulah, con bancone zincato lungo diciotto metri e licenza completa per alcoolici. (Fornitore era Galliano di New Orleans). Bloom fece di più, e aprì il primo «mall», una galleria su cui si affacciavano diversi negozi, considerato il primo esperimento commerciale del genere negli USA. Insieme alla famiglia Scurria arrivarono in zona molti altri cefalutani. Ilardo (diventati Velardo), Sanfilippo (diventati Philips), Nicolosi (diventati Nichols), Cangelosi. Gli Scurria comprarono terra e aprirono altre attività commerciali, i loro figli e nipoti diventarono professionisti e insegnanti. Vincent Scurria fu sottotenente in Europa durante la seconda guerra mondiale e venne insignito di una Silver star e una Bronze star. Philip Scurria (che ha recentemente venduto il negozio di famiglia ad un gruppo libanese-saudita) ricorda di essere stato da bambino a Cefalù nel 1952. Ricorda che la sua famiglia aveva un negozio di fiori, che non c'era elettricità, né acqua corrente e si vedevano gli edifici bombardati dalla guerra. I suoi genitori vennero ricevuti dal papa Pio XII, che regalò loro la sua berretta.

Oggi Tallulah ha appena 7.300 abitanti, di cui il 77 per cento afroamericani.

Cefalù in Louisiana

Il contributo di un piccolo paese come Cefalù alla storia della Louisiana è stato drammatico ed enormemente importante. Il dramma si riferisce al fatto che ben sette cefalutani (cinque a Tallulah e due a Erwin, nel confinante Mississippi) vennero linciati; l'importanza economica si riferisce soprattutto al grande successo commerciale della famiglia Vaccaro D'Antoni che divenne quasi monopolista dell'importazione di frutta dal Centroamerica, fondando la «Standard Fruit», allestendo una flotta mercantile moderna e addirittura fondando una piccola città in Honduras, chiamata appunto Cefalù. La Standard Fruit subì poi la concorrenza vincente della «United Fruits», passata alla storia per l'appoggio ai dittatori delle «repubbliche delle banane», e per il marchio «Chiquita». Cefalutani sono anche Angelo Brocato (che introdusse il gelato di frutta a New Orleans) e Vincenzo Muffoletto, inventore del panino che porta il suo nome (salsiccia, peperone, pomodoro, provolone pressati in una focaccia) e che forniva un pasto completo agli operai, da consumare durante il viaggio verso il lavoro invece che nelle mense. A New Orleans venne fondata nel 1887 una Società Italiana di Mutua Beneficenza Cefalutana, che nel 1908 contribuì alla costruzione di una Italian Hall, grande edificio usato per manifestazioni pubbliche. Durante la prima guerra mondiale la Società raccolse denaro per «la difesa della città di Cefalù», compreso l'acquisto di un cannone.

Nell'anno seguente all'eccidio di Tallulah, gli emigranti da Cefalù verso la Louisiana furono addirittura 620.

Lo scandalo dei nuovi schiavi e il rapporto Quackenbos

Nel 1907, anche in Italia si ebbe notizia dell'enorme dimensione della migrazione dei siciliani verso le piantagioni della Louisiana e del Mississippi, quando un funzionario di Washington ispezionò quelle terre e consegnò al ministro della giustizia un rapporto sulle terribili condizioni di «nuova schiavitù» che aveva trovato.

A scrivere il rapporto fu una donna decisamente eccezionale e, a leggere il suo ritratto sul *New York Ti-*

mes, «alta, molto bella e sempre vestita di nero». Si chiamava Mary Grace Quackenbos, avvocato di New York, che aveva fondato uno studio per la difesa legale gratuita della povera gente e in seguito era stata nominata prima donna procuratore nell'ufficio del ministro della giustizia. Quackenbos aveva ricevuto notizie di persone «sparite» nel sud e partì, da sola, per investigare. Riuscì ad entrare nelle piantagioni con diversi stratagemmi e travestimenti e documentò le condizioni di vita e i metodi usati dai grandi planters. Il rapporto, che i proprietari terrieri riuscirono a bloccare, fu però consegnato confidenzialmente all'ambasciatore italiano Des Planches, che di persona, anche lui, si recò a verificare. Le migliaia di contadini italiani, attirati dalla prospettiva di poter acquistare la terra, erano sottoposti alla pratica del «debt peonage». Non solo vivevano in pessime condizioni e l'acqua era infetta, ma erano sottoposti a prestiti usurai (tassi del dieci per cento, uguali sia per un mese che per un anno) che non riuscivano a ripagare. Fino a quando il debito non era pagato, erano quindi costretti a restare, da un'organizzazione armata che ne impediva la fuga. Si scoprì che vi erano stati altri linciaggi di cui non era stata data notizia. Tra questi, l'impiccagione di Giovanni e Vincenzo Serio (anche loro di Cefalù!), ai margini della grande piantagione di Sunnyside a Greenville, Mississippi. Sunnyside, 11.000 acri tutti a cotone, di proprietà del senatore LeRoy Pierce, era considerata il modello che avrebbe dovuto espandersi in tutto il delta del Mississippi e concludersi con la partenza («senza violenza») dei negri e la loro sostituzione con decine di migliaia di immigrati italiani. La notizia del rapporto e la verifica delle condizioni di lavoro, per la prima volta, portarono la nostra diplomazia a prendere delle iniziative. In particolare venne vietata la propaganda all'immigrazione e vennero affissi manifesti in tutta Italia (stazioni e porti) diffidando chiunque a partire per il Mississippi. Circolò anche un opuscolo «non venite in Mississippi, terra di schiavitù e febbre gialla». Il flusso si bloccò, e tutti quelli che vi riuscirono abbandonarono quelle terre. L'Austria, altro paese in cui Pierce cercava immigrati (da inserire, questi, in posizioni di comando), vietò ai suoi cittadini l'emigrazione in Mississippi.

Il rapporto sulla Sicilia di Booker Taliaferro Washington

Una domanda frequente dei discendenti di emigrati italiani che ho intervistato, riguardava le condizioni di vita della Sicilia a quei tempi. I miei interlocutori non riuscivano a capacitarsi che qualcuno potesse emigrare verso l'inferno delle piantagioni americane. Ed in effetti non c'è molta materia, in Italia, a questo proposito. Paradossalmente, uno degli studi più approfonditi sulla miseria siciliana è stato scritto da un ex schiavo americano.

Booker Taliaferro Washington era nato, figlio di una schiava e di un uomo bianco, nel 1856 in Virginia. Venne affrancato dalla schiavitù dalla legge di Lincoln ed ebbe la possibilità di studiare. Divenne prima studente e poi professore e infine rettore della prima università per afroamericani, la Tuskegee University, in Alabama. Booker T. Washington divenne un famoso educatore, scrittore ed oratore per la causa dell'istruzione dei neri e della riforma agraria nel sud. Nel 1909 intraprese un viaggio in Europa per documentarsi, far conoscere le condizioni di lavoro nel vecchio continente e individuare le soluzioni adottate per l'emancipazione di contadini ed operai. Il suo fu, sotto molti versi, il contraltare del viaggio di Alexis de Tocqueville in America. Come Tocqueville, un nobile francese, voleva far conoscere che cos'era e come funzionava la nuova democrazia americana; così un ex schiavo cercava idee di progresso sociale in un continente che da molto tempo aveva abolito la schiavitù. Booker T. Washington, a proposito della Sicilia (isola cui teneva molto, essendo la culla del pensiero greco), scrisse:

> Il Negro non è l'essere umano al più basso gradino. La condizione del contadino di colore nelle parti più arretrate degli Stati Uniti d'America, anche là dove riceve la minima istruzione e ha i minori incoraggiamenti a migliorare, è incomparabilmente la migliore delle condizioni e delle opportunità offerte alla popolazione agricola della Sicilia.

Gli balzò subito all'occhio la forza generatrice di ricchezza della campagna siciliana e l'iniquo sistema di divisione dei raccolti, di cui compilò una precisa tabella, con tutte le voci a vantaggio del padrone e le pochissime a vantaggio del contadino; fu colpito dalla superbia dei palazzi dei proprietari terrieri assenteisti, come in Irlanda, fu «annichilito» dal vedere le condizioni in cui i bambini lavoravano nelle miniere di zolfo di Campofiorito e si informò dettagliatamente sul ricatto che portava le famiglie a far lavorare bambini di otto anni per dodici ore al giorno. Booker T. Washington vide quello che non videro i nostri scrittori, i nostri giornalisti e i nostri politici. Scrisse di non aver mai visto un luogo così pervaso dalla fatica fisica di masse di poveri (e soprattutto di bambini). E si diede quindi una spiegazione della massiccia emigrazione siciliana: qualsiasi inferno sarebbe stato meglio di quello in cui vivevano.

I dagos e il loro sbiancamento

I dagos in Louisiana cominciarono ad essere «sbiancati» alla fine degli anni Venti, quando quote crescenti di loro furono ammesse al voto. A sdoganarli fu soprattutto Huey P. Long (che abolì la tassa sul voto e incamerò così i voti di 300.000 bianchi poveri); divenne governatore dello Stato, senatore a Washington e candidato alla Casa Bianca contro Roosevelt, prima di essere ucciso nel 1935. La sua figura resta ancora oggi leggendaria in Louisiana. Populista socialisteggiante, mise tasse elevate sui produttori di petrolio e finanziò un'enorme quantità di opere pubbliche. A livello nazionale Long propose la confisca dei beni oltre i 50 milioni di dollari; un'unica banca statale, una casa, un'automobile e una radio per ognuno e la pensione per tutti a 60 anni. Fu di una corruzione sfrenata e non esitò a schierare la guardia nazionale per intimidire i suoi nemici politici e truccare le elezioni. Strinse un patto con il famoso mafioso siciliano Lucky Luciano, che era stato espulso da New York dal sindaco Fiorello La Guardia. Long gli permise di installare nello stato migliaia di slot machine, in cambio del 10 per cento del loro milione di dollari guadagnato. Luciano fornì a lui una squadra di guardie del corpo. Furono queste a crivellare di colpi un giovane medico che gli si era avvicinato per inoltrargli una protesta. Ma una pallottola colpì anche il governatore, che morì. Il tutto nella sede del governo a Baton Rouge, un'architettura monumentale di tipo egizio, davanti a un ascensore foderato di foglie d'oro riservato al governatore stesso. Gli italiani di New Orleans, «longhiani», nel 1936 riuscirono a fare eleggere sindaco il loro candidato, Robert Maestri, di padre siciliano e madre albanese, che governò la città per dieci anni.

Singolare fu «la seconda vita» di Charles Matranga, l'uomo indicato come capo del complotto per uccidere Hennessy, ma che scampò al grande linciaggio. Matranga, dopo un periodo alla macchia, riprese il suo posto di lavoro al porto di New Orleans e vi restò fino al 1918, assunto dalla Standard Fruits come semplice scaricatore. La giustizia non si occupò più di lui, ma la voce popolare lo indicava come capo della famiglia mafiosa di New Orleans, con il soprannome di «millionaire Charlie», nonostante conducesse una vita molto modesta. Morì nel 1943 a 86 anni e i suoi imponenti funerali videro la partecipazione dei dirigenti e del personale delle compagnie marittime, della United e Standard Fruits, delle associazioni sindacali del porto.

Lo strano caso di Giovanni Pascoli

Nel novembre del 1911, accompagnato da una folla plaudente, il poeta Giovanni Pascoli, all'epoca una delle grandi star italiane, entrò nel teatro comunale di Barga, la cittadina toscana dove aveva eletto la sua residenza, e pronunciò uno storico discorso in favore della spedizione militare italiana per la conquista della Libia. Discorso inaspettato – passato alla storia con le sue prime parole, «La grande proletaria si è mossa», in cui Pascoli – socialista, non interventista, non nazionalista – rivendicava il diritto italiano a conquistare terre in Africa.

«La grande proletaria si è mossa. Prima ella mandava altrove i suoi lavoratori che erano troppi e dovevano lavorare per troppo poco. Li mandava oltre Alpi e oltremare a tagliare istmi, a forare monti... Il mondo li aveva presi ad opra, i lavoratori d'Italia; e più ne aveva bisogno, meno mostrava di averne, e li pagava poco e li trattava male e li stranomava. Diceva Carcamanos! Gringos! Cincali! Degos! Erano diventati un po' come i negri, in America, questi connazionali di colui che la scoprì; e come i negri ogni tanto venivano messi fuori dalla legge e dall'umanità, si linciavano...» (*Avessero ascoltato, i nostri Defatta si sarebbero dati di gomito: Ehi, sta parlando di noi! Siamo famosi!*).

Il discorso di Pascoli concludeva dicendo che invece ora i nostri lavoratori potranno avere la terra in una «vasta regione bagnata dal nostro mare verso la quale guardano, come sentinelle avanzate, piccole isole nostre; verso la quale si protende impaziente la nostra isola grande...». Avrebbero colonizzato, portando l'esempio dell'antica Roma, terre abitate da una popolazione «neghittosa».

E così andò, con la benedizione di un poeta socialista – uno che aveva sperato che Garibaldi diventasse il capo dell'esercito di Lincoln – che ce ne andammo a conquistare la Libia, invece che a farci linciare in Louisiana. Nel nome del nostro passato, di Dante, di Cristoforo Colombo, di San Martino e di Calatafimi. E Giovanni Pascoli era un grande opinion maker.

Le teorie razziste italiane

Le teorie razziste italiane, dopo il periodo dell'antropologia criminale e della definizione dei meridionali come «razza inferiore», all'inizio del secolo cambiarono rotta e stabilirono che tutti gli italiani facevano parte di una razza «ariana mediterranea», che aveva l'Impero romano al suo centro. L'influsso africano venne messo in sordina. Il fascismo al potere invece coltivò moltissimo l'idea di una razza italica unica, fino a giungere alla proclamazione delle leggi razziali del 1938. Un manifesto redatto da dieci scienziati, sulla base del «razzismo biologico», stabiliva che gli italiani appartengono alla razza ariana pura e smentiva che esistesse una razza mediterranea comprendente popolazioni semitiche o camitiche. Conclusione: gli ebrei quindi non appartengono alla razza italiana. I caratteri fisici e psicologici della razza italiana non devono essere alterati.

In breve, in soli quarant'anni la scienza italiana aveva cambiato idea.

Le conseguenze del manifesto della razza sono note a tutti.

Le teorie razziste americane

In America invece la discriminazione razziale nei confronti dei negri (sancita dalla sentenza della Corte Suprema Plessy contro Ferguson del 1896) restò in vigore fino al 1952. Per quanto riguarda gli italiani, il Dizionario delle Razze pubblicato a fine secolo sposava la teoria delle due Italie, una del nord, di derivazione celtica, e una del sud, di derivazione africana. Quella del sud era considerata razza inferiore e discriminata nell'immigrazione. (È curioso osservare la diversa collocazione della linea razziale tra nord e sud. Per alcuni era Roma, per altri Firenze, per altri addirittura Genova). Gli italiani del sud erano considerati appartenenti ad uno stadio inferiore dello sviluppo e meno intelligenti.

Che gli italiani del sud fossero africani, era in America un concetto abbastanza diffuso, se si pensa che Malcolm X – il rivoluzionario nero islamico degli anni Sessanta – aveva ricordato agli italiani americani l'invasione dell'Italia da parte di Annibale:

«Nessun italiano può saltare su e cominciare a insultarmi, perché io conosco la sua storia. Gli dico: quando parli con me, stai parlando con papà, con tuo padre. Lui conosce la sua storia e sa dove ha preso quel colore».

Thanks to alla frienda

A mia moglie Cecile, che mi ha portato a Tallulah.

Cynthia Savaglio, che insegna all'università di Tampa, Florida, è sicuramente la maggiore conoscitrice dei «fatti» di Tallulah. Mi ha generosamente messo a disposizione il suo enorme lavoro di ricerca, seguito il mio lavoro e corretto molti miei errori.

Agli abitanti di Tallulah: Suzanne e Albert Paxton, Kay e Calvin Adams, Philip Scurria, John Earl Martin, Bucky Weaver, Catherine Hodges, Carol Ann Priest, Charles Michael Finlanson.

Dick Sevier, lo storico della parrocchia di Madison, è il curatore del sito «Madison Parish, Louisiana», assoluta miniera di notizie, date, mappe, fotografie, e mi ha aiutato a decifrare la famosa lista dei linciatori.

A proposito di guerra civile, segregazione e in generale della storia americana, devo molto alle conversazioni con Phil Ryan, Jeffrey Klein, Michael Castelman, Randy Alfred, Jerry Barrish, Dan Hubig, Andrew Moss, Larry Gonik, tutti appartenenti al «San Francisco Lunch Group».

Un grazie particolare a Frank Viviano, che ha seguito e incoraggiato lo sviluppo di questo libro.

Marzia Cristina, avvocato e scrittrice, è stato il mio punto di riferimento a Cefalù, dove ha ricostruito parentele, documenti, date e clima del periodo. Marzia continua un lavoro di memoria e ricerca sulla sua città iniziato dalla madre Angela Diana Di Francesca.
Gabriele Marino ha ritrovato negli archivi del padre Nico, anch'egli storico di Cefalù, la documentazione legale sulle peripezie seguite al ritorno di Giuseppe Defina.
Giuliana Adamo, parecchio tempo fa, mi ha segnalato una coincidenza a proposito di Vincenzo Consolo e del museo Pirajno, che mi è stata molto utile.

Giancarlo Macaluso e Luca Candurra hanno ritrovato gli articoli del *Giornale di Sicilia*. E non era facile.

Nelle ricerche sull'emigrazione italiana in Louisiana e Mississippi e sulla nascita delle teorie razziste italiane, mi hanno aiutato Francesco Durante, Fabio Levi, Mariele Merlati, Giuseppe La Greca, Ernesto e Fulvia Melluso, Maria Teresa Milicia, Francesco Cassata, Silvano Montaldo.

Un saggio importante sul contributo italiano al razzismo americano è *Cranium, criminals and the Cursed Race in American Racial Thought 1861-1924*, di Peter D'Agostino, per la University of Illinois (2002).
Un'analisi delle teorie lombrosiane alla luce della polemica suscitata dal movimento neoborbonico italiano si trova nel brillante saggio di Maria Teresa Milicia, *Lombroso e il brigante. Storia di un cranio conteso*, Salerno editrice 2014.

L'emigrazione siciliana in Louisiana è trattata in profondità da Anthony V. Margavio e Jerome J. Salomone in *Bread and respect*, Pelican 2002.

La ricerca sul «versante americano» è oggi molto facilitata dal rapido accesso all'informazione online, dove, per esempio sul sito «Chronicling America», si può diventare lettori – ad un secolo di distanza! – di qualcosa come 700 quotidiani che venivano stampati negli USA nel 1899. La biblioteca del Congresso ha reso facilmente accessibili tutti i documenti ufficiali sulle relazioni diplomatiche tra Italia e USA; e quindi anche nei casi dei linciaggi di New Orleans, Tallulah, Hahnville, Greenville.

Il saggio che ha riaperto il caso Tallulah è stato scritto dal professor Edward F. Haas, *Guns, goats and Italians: The Tallulah lynching of 1899*, per la Louisiana Historical Association, 1982.

La «fiaba» per ragazzi sulle avventure dell'adolescente Cirone, di Donna Jo Napoli, si chiama *Alligator Bayou*, pubblicata nel 2010 da Wendy Lamb Books.

In Italia, i linciaggi degli italiani nel sud degli Stati Uniti sono stati analizzati da Patrizia Salvetti in *Corda e sapone*, Donzelli 2003.
Il linciaggio di Tallulah ha un posto di rilievo nel libro di Gian Antonio Stella, *L'orda. Quando gli albanesi eravamo noi*, Rizzoli 2002.

Gli scritti dell'ambasciatore Edmondo Mayor De Planches vennero pubblicati con il titolo *Attraverso gli Stati Uniti per l'emigrazione italiana*, Torino 1913.

La canzone «I cinque poveri siciliani» venne ripresa e musicata da Virgilio Savona e Michele Straniero negli anni Cinquanta-Sessanta per il Nuovo Canzoniere Italiano.

Sui linciaggi di New Orleans, il primo libro a rendere giustizia ai siciliani è *Vendetta* di Richard Gambino, Doubleday 1977. Una ricostruzione ancora più approfondita è *Deep Water, Joseph P. Macheca and the birth of the American Mafia*, di Thomas Hint e Martha Sheldon, Universe 2007.

Il libro citato sulla schiavitù è: *The problem of slavery in the age of emancipation*, di David Brion Davis, Knopf 2014.
Molto illuminanti, sullo zucchero *Sweetness and power*, di Sidney W. Mintz, Penguin Books 1985; sul cotone, *The empire of cotton*, di Sven Beckert, Knopf 2014.

Sul «peonage» degli immigrati italiani nelle piantagioni del Mississippi, *Rising Tide*, di John M. Barry, Simon & Schuster 1998. A Mary Grace Quackenbos e alla sua denuncia della nuova schiavitù, l'*Arkansas Historical Quarterly* ha dedicato un numero speciale nel 1991.

Storie di emigranti, soprattutto siciliani, in Mississippi si trovano in *The Delta Italians*, di Paul V. Canonici, edito dal medesimo, 2008.

E. D.

San Francisco, aprile 2015

Indice

Storia vera e terribile tra Sicilia e America

Capitolo uno
Davanti al plotone d'esecuzione   9

Capitolo due
Il quadro di Antonello   19

Capitolo tre
Il sesto uomo   26

Capitolo quattro
La notizia arrivò sui giornali...   42

Capitolo cinque
Schiavi, generali, terra, zucchero e cotone   55

Capitolo sei
Nel cranio dei dagos   72

Capitolo sette
Nascita di una razza   84

Capitolo otto
Strani frutti   111

Capitolo nove
Sopralluogo e atti relativi   127

Capitolo dieci
La deposizione — 164

Capitolo undici
In missione per conto del Re — 177

Capitolo dodici
Epiloghi, spesso inaspettati — 194

Thanks to alla frienda — 211

Questo volume è stato stampato
su carta Grifo vergata
delle Cartiere di Fabriano
nel mese di maggio 2015

Stampa: Officine Grafiche soc. coop., Palermo

Legatura: LE.I.MA. s.r.l., Palermo

La memoria

Ultimi volumi pubblicati

801 Anthony Trollope. Le ultime cronache del Barset
802 Arnoldo Foà. Autobiografia di un artista burbero
803 Herta Müller. Lo sguardo estraneo
804 Gianrico Carofiglio. Le perfezioni provvisorie
805 Gian Mauro Costa. Il libro di legno
806 Carlo Flamigni. Circostanze casuali
807 Maj Sjöwall, Per Wahlöö. L'uomo sul tetto
808 Herta Müller. Cristina e il suo doppio
809 Martin Suter. L'ultimo dei Weynfeldt
810 Andrea Camilleri. Il nipote del Negus
811 Teresa Solana. Scorciatoia per il paradiso
812 Francesco M. Cataluccio. Vado a vedere se di là è meglio
813 Allen S. Weiss. Baudelaire cerca gloria
814 Thornton Wilder. Idi di marzo
815 Esmahan Aykol. Hotel Bosforo
816 Davide Enia. Italia-Brasile 3 a 2
817 Giorgio Scerbanenco. L'antro dei filosofi
818 Pietro Grossi. Martini
819 Budd Schulberg. Fronte del porto
820 Andrea Camilleri. La caccia al tesoro
821 Marco Malvaldi. Il re dei giochi
822 Francisco García Pavón. Le sorelle scarlatte
823 Colin Dexter. L'ultima corsa per Woodstock
824 Augusto De Angelis. Sei donne e un libro
825 Giuseppe Bonaviri. L'enorme tempo
826 Bill James. Club
827 Alicia Giménez-Bartlett. Vita sentimentale di un camionista
828 Maj Sjöwall, Per Wahlöö. La camera chiusa
829 Andrea Molesini. Non tutti i bastardi sono di Vienna
830 Michèle Lesbre. Nina per caso
831 Herta Müller. In trappola
832 Hans Fallada. Ognuno muore solo
833 Andrea Camilleri. Il sorriso di Angelica
834 Eugenio Baroncelli. Mosche d'inverno
835 Margaret Doody. Aristotele e i delitti d'Egitto
836 Sergej Dovlatov. La filiale
837 Anthony Trollope. La vita oggi
838 Martin Suter. Com'è piccolo il mondo!
839 Marco Malvaldi. Odore di chiuso
840 Giorgio Scerbanenco. Il cane che parla

841 Festa per Elsa
842 Paul Léautaud. Amori
843 Claudio Coletta. Viale del Policlinico
844 Luigi Pirandello. Racconti per una sera a teatro
845 Andrea Camilleri. Gran Circo Taddei e altre storie di Vigàta
846 Paolo Di Stefano. La catastròfa. Marcinelle 8 agosto 1956
847 Carlo Flamigni. Senso comune
848 Antonio Tabucchi. Racconti con figure
849 Esmahan Aykol. Appartamento a Istanbul
850 Francesco M. Cataluccio. Chernobyl
851 Colin Dexter. Al momento della scomparsa la ragazza indossava
852 Simonetta Agnello Hornby. Un filo d'olio
853 Lawrence Block. L'Ottavo Passo
854 Carlos María Domínguez. La casa di carta
855 Luciano Canfora. La meravigliosa storia del falso Artemidoro
856 Ben Pastor. Il Signore delle cento ossa
857 Francesco Recami. La casa di ringhiera
858 Andrea Camilleri. Il gioco degli specchi
859 Giorgio Scerbanenco. Lo scandalo dell'osservatorio astronomico
860 Carla Melazzini. Insegnare al principe di Danimarca
861 Bill James. Rose, rose
862 Roberto Bolaño, A. G. Porta. Consigli di un discepolo di Jim Morrison a un fanatico di Joyce
863 Stefano Benni. La traccia dell'angelo
864 Martin Suter. Allmen e le libellule
865 Giorgio Scerbanenco. Nebbia sul Naviglio e altri racconti gialli e neri
866 Danilo Dolci. Processo all'articolo 4
867 Maj Sjöwall, Per Wahlöö. Terroristi
868 Ricardo Romero. La sindrome di Rasputin
869 Alicia Giménez-Bartlett. Giorni d'amore e inganno
870 Andrea Camilleri. La setta degli angeli
871 Guglielmo Petroni. Il nome delle parole
872 Giorgio Fontana. Per legge superiore
873 Anthony Trollope. Lady Anna
874 Gian Mauro Costa, Carlo Flamigni, Alicia Giménez-Bartlett, Marco Malvaldi, Ben Pastor, Santo Piazzese, Francesco Recami. Un Natale in giallo
875 Marco Malvaldi. La carta più alta
876 Franz Zeise. L'Armada
877 Colin Dexter. Il mondo silenzioso di Nicholas Quinn
878 Salvatore Silvano Nigro. Il Principe fulvo
879 Ben Pastor. Lumen
880 Dante Troisi. Diario di un giudice
881 Ginevra Bompiani. La stazione termale
882 Andrea Camilleri. La Regina di Pomerania e altre storie di Vigàta
883 Tom Stoppard. La sponda dell'utopia
884 Bill James. Il detective è morto
885 Margaret Doody. Aristotele e la favola dei due corvi bianchi
886 Hans Fallada. Nel mio paese straniero
887 Esmahan Aykol. Divorzio alla turca
888 Angelo Morino. Il film della sua vita
889 Eugenio Baroncelli. Falene. 237 vite quasi perfette
890 Francesco Recami. Gli scheletri nell'armadio
891 Teresa Solana. Sette casi di sangue e una storia d'amore
892 Daria Galateria. Scritti galeotti
893 Andrea Camilleri. Una lama di luce
894 Martin Suter. Allmen e il diamante rosa
895 Carlo Flamigni. Giallo uovo
896 Maj Sjöwall, Per Wahlöö. Il milionario

897 Gian Mauro Costa. Festa di piazza
898 Gianni Bonina. I sette giorni di Allah
899 Carlo María Domínguez. La costa cieca
900
901 Colin Dexter. Niente vacanze per l'ispettore Morse
902 Francesco M. Cataluccio. L'ambaradan delle quisquiglie
903 Giuseppe Barbera. Conca d'oro
904 Andrea Camilleri. Una voce di notte
905 Giuseppe Scaraffia. I piaceri dei grandi
906 Sergio Valzania. La Bolla d'oro
907 Héctor Abad Faciolince. Trattato di culinaria per donne tristi
908 Mario Giorgianni. La forma della sorte
909 Marco Malvaldi. Milioni di milioni
910 Bill James. Il mattatore
911 Esmahan Aykol, Andrea Camilleri, Gian Mauro Costa, Marco Malvaldi, Antonio Manzini, Francesco Recami. Capodanno in giallo
912 Alicia Giménez-Bartlett. Gli onori di casa
913 Giuseppe Tornatore. La migliore offerta
914 Vincenzo Consolo. Esercizi di cronaca
915 Stanisław Lem. Solaris
916 Antonio Manzini. Pista nera
917 Xiao Bai. Intrigo a Shanghai
918 Ben Pastor. Il cielo di stagno
919 Andrea Camilleri. La rivoluzione della luna
920 Colin Dexter. L'ispettore Morse e le morti di Jericho
921 Paolo Di Stefano. Giallo d'Avola
922 Francesco M. Cataluccio. La memoria degli Uffizi
923 Alan Bradley. Aringhe rosse senza mostarda
924 Davide Enia. maggio '43
925 Andrea Molesini. La primavera del lupo
926 Eugenio Baroncelli. Pagine bianche. 55 libri che non ho scritto
927 Roberto Mazzucco. I sicari di Trastevere
928 Ignazio Buttitta. La peddi nova
929 Andrea Camilleri. Un covo di vipere
930 Lawrence Block. Un'altra notte a Brooklyn
931 Francesco Recami. Il segreto di Angela
932 Andrea Camilleri, Gian Mauro Costa, Alicia Giménez-Bartlett, Marco Malvaldi, Antonio Manzini, Francesco Recami. Ferragosto in giallo
933 Alicia Giménez-Bartlett. Segreta Penelope
934 Bill James. Tip Top
935 Davide Camarrone. L'ultima indagine del Commissario
936 Storie della Resistenza
937 John Glassco. Memorie di Montparnasse
938 Marco Malvaldi. Argento vivo
939 Andrea Camilleri. La banda Sacco
940 Ben Pastor. Luna bugiarda
941 Santo Piazzese. Blues di mezz'autunno
942 Alan Bradley. Il Natale di Flavia de Luce
943 Margaret Doody. Aristotele nel regno di Alessandro
944 Maurizio de Giovanni, Alicia Giménez-Bartlett, Bill James, Marco Malvaldi, Antonio Manzini, Francesco Recami. Regalo di Natale
945 Anthony Trollope. Orley Farm
946 Adriano Sofri. Machiavelli, Tupac e la Principessa
947 Antonio Manzini. La costola di Adamo
948 Lorenza Mazzetti. Diario londinese
949 Gian Mauro Costa, Alicia Giménez-Bartlett, Marco Malvaldi, Antonio Manzini, Francesco Recami. Carnevale in giallo
950 Marco Steiner. Il corvo di pietra

951 Colin Dexter. Il mistero del terzo miglio
952 Jennifer Worth. Chiamate la levatrice
953 Andrea Camilleri. Inseguendo un'ombra
954 Nicola Fantini, Laura Pariani. Nostra Signora degli scorpioni
955 Davide Camarrone. Lampaduza
956 José Roman. Chez Maxim's. Ricordi di un fattorino
957 Luciano Canfora. 1914
958 Alessandro Robecchi. Questa non è una canzone d'amore
959 Gian Mauro Costa. L'ultima scommessa
960 Giorgio Fontana. Morte di un uomo felice
961 Andrea Molesini. Presagio
962 La partita di pallone. Storie di calcio
963 Andrea Camilleri. La piramide di fango
964 Beda Romano. Il ragazzo di Erfurt
965 Anthony Trollope. Il Primo Ministro
966 Francesco Recami. Il caso Kakoiannis-Sforza
967 Alan Bradley. A spasso tra le tombe
968 Claudio Coletta. Amstel blues
969 Alicia Giménez-Bartlett, Marco Malvaldi, Antonio Manzini, Francesco Recami, Alessandro Robecchi, Gaetano Savatteri. Vacanze in giallo
970 Carlo Flamigni. La compagnia di Ramazzotto
971 Alicia Giménez-Bartlett. Dove nessuno ti troverà
972 Colin Dexter. Il segreto della camera 3
973 Adriano Sofri. Reagì Mauro Rostagno sorridendo
974 Augusto De Angelis. Il canotto insanguinato
975 Esmahan Aykol. Tango a Istanbul
976 Josefina Aldecoa. Storia di una maestra
977 Marco Malvaldi. Il telefono senza fili
978 Franco Lorenzoni. I bambini pensano grande
979 Eugenio Baroncelli. Gli incantevoli scarti. Cento romanzi di cento parole
980 Andrea Camilleri. Morte in mare aperto e altre indagini del giovane Montalbano
981 Ben Pastor. La strada per Itaca
982 Esmahan Aykol, Alan Bradley, Gian Mauro Costa, Maurizio de Giovanni, Nicola Fantini e Laura Pariani, Alicia Giménez-Bartlett, Francesco Recami. La scuola in giallo
983 Antonio Manzini. Non è stagione
985 Martin Suter. Allmen e le dalie
986 Piero Violante. Swinging Palermo
987 Marco Balzano, Francesco M. Cataluccio, Neige De Benedetti, Paolo Di Stefano, Giorgio Fontana, Helena Janeczek. Milano
988 Colin Dexter. La fanciulla è morta
989 Manuel Vázquez Montalbán. Galindez
990 Federico Maria Sardelli. L'affare Vivaldi
991 Alessandro Robecchi. Dove sei stanotte
992 Nicola Fantini e Laura Pariani, Marco Malvaldi, Dominique Manotti, Antonio Manzini, Francesco Recami, Gaetano Savatteri. La crisi in giallo
993 Jennifer. Worth. Tra le vite di Londra
994 Hai voluto la bicicletta. Il piacere della fatica
995 Alan Bradley. Un segreto per Flavia de Luce
996 Giampaolo Simi. Cosa resta di noi
997 Alessandro Barbero. Il divano di Istanbul
998 Scott Spencer. Un amore senza fine
999 Antonio Tabucchi. La nostalgia del possibile
1000 La memoria di Elvira
1001 Andrea Camilleri. La giostra degli scambi